趋势

洞察
未来经济的
30个关键词

徐瑾 著

徐瑾经济人系列

人民东方出版传媒
东方出版社

图书在版编目（CIP）数据

趋势：洞察未来经济的 30 个关键词／徐瑾　著. —北京：东方出版社，
2020.12
ISBN 978-7-5207-1623-9

Ⅰ.①趋…　Ⅱ.①徐…　Ⅲ.①经济学—通俗读物　Ⅳ.①F0-49

中国版本图书馆 CIP 数据核字（2020）第 131250 号

**趋势：洞察未来经济的 30 个关键词**
(QUSHI: DONGCHA WEILAI JINGJI DE 30 GE GUANJIANCI)

作　　者：徐　瑾
责任编辑：李　烨　袁　园
出　　版：东方出版社
发　　行：人民东方出版传媒有限公司
地　　址：北京市西城区北三环中路 6 号
邮　　编：100120
印　　刷：北京楠萍印刷有限公司
版　　次：2020 年 12 月第 1 版
印　　次：2021 年 1 月第 2 次印刷
开　　本：880 毫米×1230 毫米　1/32
印　　张：8.25
字　　数：154 千字
书　　号：ISBN 978-7-5207-1623-9
定　　价：59.00 元
发行电话：(010) 85924663　85924644　85924641

当前的国际政治经济局势扑朔迷离，普通人的命运前所未有地与国家的命运紧密相连。徐瑾的这本《趋势》从宏观大势讲到技术前沿，从金融市场讲到财富管理，紧扣热点，直面难点，广征博引，娓娓道来，帮助我们认清未来，把握现在。

——何帆　上海交大安泰经管学院教授，《变量》作者


这部《趋势》，从理论到现实、从历史到当下讲述了中国经济发展的趋势，视野宏大，见解深刻，观点独到。既有理论分析，也有现实数据；既有对中国经济现实格局的观察，也有国际经验的历史和逻辑比较。最后，作者还对新冠肺炎疫情暴发后中国的政经大势做了分析和预测，是一部值得阅读的好书。

——韦森　复旦大学经济学教授


经济问题是我们每个人都要面对的，但如何理解经济问题，却不是每个人都有的知识。如何深入浅出地向人解释中国经济，更是个不容易的问题。因为中国经济的成长中有很多规范经济学也不好解释的逻辑。徐瑾在 FT 中文网长期的专栏撰写经验，让她在面对公众写作方面积累了丰富经验；她长期的经济学研究，也对中国经济超出规范经济学框架的问题有了很多自己的理解。在向公众解释中国经济问题方面，徐瑾此书会是一本值得推荐的著作。

——施展　知名青年学者、外交学院教授

徐瑾的文字风格，与她说话一样，一直温婉动人、不事张扬。在一个受网络传播影响、媒体和学界的表述越来越习惯于追求刺激的时代，这种克制与内敛，其实，反倒能呈现出一种张力——至少我在阅读她的《白银时代》和《有时》这两本书的时候，就能体会到。徐瑾不仅善于为人们提供一种观察问题的新角度，而且那种娓娓道来、不焦不躁的论证方法，也更容易令读者心悦诚服。《趋势》是徐瑾近期对历史、制度、国际关系和贸易战，乃至后疫情时代经济大势分析的一部合集，虽然只有30讲，但结构完整、脉络清晰。

在这本书中，徐瑾一以贯之地展现了她的价值观，那就是：任何一个人或国家的命运，都与整个世界的变化、发展紧密相连，但受制于认知的局限，所谓"规律"很难被当局者自身识破，毕竟处于当下的人们，总要面对信息庞杂、利令智昏的窘境。往往是在一阵潮水退去之后，我们才能判断下一个潮流的方向。所以，越是理性的人，越有能力摆脱现实情绪的左右，以历史的格局持续地对制度进行研究，既不忽悠人，也绝不被人所忽悠。

——骆新　著名主持人

**目录**

Contents

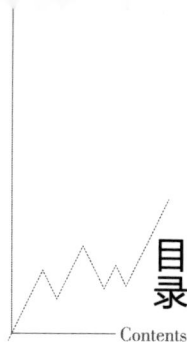

序　言　通过经济，理解个人和国家命运 // 001

第一章　制度变革：中国经济过去与现在

❶ 经济史：大师钱穆透视经济 // 011

❷ 盐铁论：两千年前的国进民退 // 018

❸ 李约瑟之谜：中国近代为什么落后 // 023

❹ 三大红利：中国奇迹的真相 // 029

❺ 1978：科斯边缘革命的胜利 // 034

第二章　宏观大势：把握中国经济的脉络

❻ "四万亿"：超级凯恩斯主义的现实版 // 043

❼ L形："权威人士"定调下半场 // 049

⑧ 新周期：想象的复苏 // 055

⑨ 人口红利：从计划生育到刘易斯拐点 // 062

⑩ 中美贸易纠纷：四十年未有之变局 // 068

⑪ 中国第一：从购买力平价到修昔底德陷阱 // 076

⑫ 新常态：走出 GDP 迷思 // 082

## 第三章　金融市场：　维持刀锋上的平衡

⑬ 钱荒：市场的"九级地震"// 089

⑭ 股灾：国家牛市的终结 // 096

⑮ 去杠杆：难在哪里 // 103

⑯ 债务危机：韩国模式还是日本模式 // 108

⑰ 印钞：能否救经济 // 113

⑱ 金融改革：从日本看中国经济历史"三峡"// 120

## 第四章　财富资产：　如何守护财务安全

⑲ 人民币：保量与保价的双重博弈 // 129

⑳ 房地产：折叠的阶层 // 137

㉑ 房产税：中国经济的灰犀牛 // 144

㉒ 学区房：阶层门票之外的本质 // 150

㉓ 互联网金融乱象：理财钓愚潜规则 // 156

㉔ 养老：谁为你买单，你为谁买单 // 163

## 第五章　趋势对策：　中国未来如何走

㉕ 风险：沉默通缩还是喧嚣通胀 // 173

㉖ 中等收入陷阱：宁高宁的乐观与楼继伟的悲观 // 178

㉗ 法治：依法治国的经济视角 // 184

㉘ 创业：首富马云启示录 // 190

㉙ 人工智能：谁来保住你的工作 // 199

㉚ 趋势：三大变局，相信未来 // 205

结　语　后疫情时代的政经大趋势 // 213

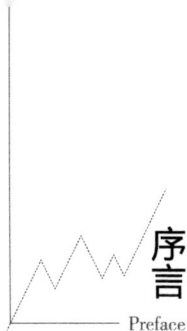

# 通过经济，理解个人和国家命运

近代以来，与经济嵌入到社会关系相反，社会关系被嵌入经济体系之中了。

——匈牙利政治经济学家 卡尔·波兰尼

## 1. 为什么要写这本书?

你应该常听到这些名词吧，从贸易战到人民币贬值，从钱荒到股灾再到金融危机，从公司裁员到企业过冬甚至银行爆雷，等等，更不用说，你熟悉的学区房、房产税和阶层固化。

这些词你是不是经常听到却感到似懂非懂，好像雾里看花。有一句流行语说，今年是最困难的一年，同时也是未来十年中最好的一年。你是感到了迷茫、恐惧，还是无知无觉?

别担心，不是你一个人，很多人都有这样的困惑。甚至学了经济学，也并不等于懂经济。

我是 FT 中文网财经版主编，关注中国经济超过了十年。这些年我写了上千篇财经专栏，七八本书，无论是在"徐瑾经济人"公号和社群发布的文章，还是在得到讲的"经济学大师 30 讲"，都是在不断地积累之中完成的。

所有的目的都在于一点，帮助大家更好地理解一个问题：经济正在发生什么，未来会发生什么。普及经济常识，让大家明白看经济，这是我的职业，也是我的热情。

很多人看不懂经济，关键是因为没有经过系统学习。这些年来，我一直在努力，希望给大家更多系统化的方法，这也是本书诞生的直接原因。这本书的同名课程，推出当月就进入全国知识付费 30 强，经济类 4 强。

## 2. 为什么你应该懂中国经济？

因为工作我会接触形形色色的人，有的人工作看起来很高大上，工作和经济直接有关，如经济学家、分析师、企业家、财经官员、创业者等。当然，更多人看起来和经济没有直接的关系，比如公务员、白领、程序员、学生和老师。

有的朋友，甚至会有点骄傲地告诉我，"我一辈子，都没和经济打过交道"。在他们看来，经济好像是些喜欢算计、热爱赚钱的人才关心的。每当这个时候，我总是深深感到，不少人对于经济的认知，是何等错误。

只要你生活在市场之中，你就在和经济打交道，从工作收入到买房置车，从孩子入学到老人看病。

漠视经济，在现代社会中就相当于把自己暴露在很大的风险之中。一旦经济有风吹草动，最受伤的，还是我们这些普通人。

经济，在古希腊语中，意味着管理家庭；在中文世界，则意味着经世济民。只要你身在市场，和别人发生联系，你就是自己的经济学家。因此，每个人都有必要了解一些经济知识。

了解经济，不是为了炫耀智力，也不仅仅是为了投资才关心。对于每个人来说，经济都是一种常识，提供了对于时代的格局感。

### 3. 学经济，你需要有系统框架

生活中常常会聊到一些经济问题，其中不乏有趣的现象。一方面，不少人会热衷于讨论房价到底怎么样，比特币能不能买，买什么股票、基金……另一方面，他们看起来很忙，一有风吹草动就到处打探，问别人怎么看。但这种努力，只是看起来很努力而已，事实上是很廉价的，因为他们没有进行系统的学习分析。

这就是人性，一方面关心鼻子尖上的小事；另一方面，又往往忽略稍微长远点的重要事。这种思维，急功近利，一不小心，就会成为"韭菜"。一旦宏观大环境不好，随时可能遭遇各种风险，比如投资回报锐减，甚至会被裁员。

### 4. 梳理中国经济的脉络：多重转型

可见努力的前提，是努力的方向正确。学经济，需要有正确的框架。你可以逃避学习，但是，你没法逃避你选择逃避学习的结果。

文学家巴尔扎克断言，小说是民族的秘史。那么经济则可能是理解命运的秘密钥匙——不仅是国家的命运，也是个人的命运。

即便如此，很多经济学专业的人，还是看不懂经济。我见过很多这样的人，也理解这背后的迷茫与不安。原因在哪里？因为方法不对，没有系统性。你需要的，不是理论的模型或者杂乱的知识点，甚至不是智力上的优越感，而是对于现实的理解力。

只有系统的框架，才能帮你理解现实。你需要洞察一个真相，即经济是一个整体系统，需要从更高的角度来观察。这就像爬山，当你在山脚或者半山腰时，是没法看清楚山的全貌的。只有在接近山顶时，你才会看到完整、壮丽的景观。

经济也一样，如果我们用每天每周的新闻和数据去看经济，往往觉得纷繁复杂，难以把握；当站得更高，从时代的高度去透视中国经济时，你就能梳理出现象背后的脉络。

回望过去四十年，有什么经验？中国经济表现着实耀目：连续多年两位数的 GDP 数字增长，跻身为全球第二大经济体。这一切令世界瞩目，被称为中国奇迹，甚至还能听到中美两国共同治理世界等说法。

2020 年到了，在之前不少机构的预测中，这一年中国经济应该超越美国。在现实中，如你我所见，这一场景并没有出现。不仅如此，关于中国经济的走向，也引发很多担心。中国经济高速增长背后，并非没有隐忧与代价。比如高房价、养老、看病、求学等问题，引发许多焦虑。

中国，到底发生了什么？经济的增长，如何重塑中国社会的整体面貌？

为什么如此之多的挑战与悖论，能在中国并存？

经济学如何解释中国奇迹？未来中国何去何从？

个人如何应对？

……

学术界的解释很多。无论是张五常的"地方竞争模式"，还是钱颖一的"财政联邦制"，或者秦晖所言的"低人权优势"，再从林毅夫"比较优势"到今日"新结构主义"等。林林总总的理论，每一种都有些道理，但单凭一种，也难以令人信服，所以还是要结合现实和结构变化来看。

对普通人，理解中国经济，难在哪里？我想是在复杂性。因为中国的转型，不仅仅是经济转型，而是一个复杂的多重转型，涉及社会、文化、政治等多个不同层次。

### 5. 一起拆解中国盒子

关于中国经济，我想到一个比方，据说国外有一种小玩意儿，叫中国盒子。我觉得应该就是俄罗斯套娃那一类。

它由好几层组成，打开外面大盒子，里面是个中等盒子，再里面又是小盒子。如是再三，直到打开最小的盒子，才是谜底。

由此，"中国盒子"一词常喻极尽复杂的事，而现实中的诸多中国经济问题，也如同中国盒子一般迷雾重重。台湾政坛有"揭弊"大王之称的邱毅，就曾将自己揭露能力超强的原因归结为——自己是研究大陆经济的专业出身。

诚然，中国正在发生的一切，是人类历史的一场伟大实验，涉及十四亿人的生存与发展，没有人可以袖手旁观。说起中国经济全貌，恐怕难以一言道尽。多年以来，我试图从不同角度思考与回答，我的上千专栏以及七八本书，只是这一努力的一部分结晶。

中国故事虽然犹如迷宫，但是我并不认为存在人间奇迹。其中，必有符合常识的经济逻辑可以解释。瑞典经济学家缪尔达尔，曾和哈耶克同年分享诺贝尔经济学奖，他曾有一句名言，是这样说的：实际上，没有纯粹的"经济"问题。

因此，经济可以说不只是与经济人有关，而是关系人人。

也正因此，对于中国问题的思考，从经济开始，并不意味着在经济结束。这本书我试图从历史、宏观、金融、财税、制度、商业等不同的部分，来拆解中国盒子，试图拼接出相对完整的中国经济景观。

## 6. 我和你，希望达到什么目标？

中国经济关系每个人，所以大家不得不了解。无论你是一个管理层，还是全职妈妈，还是学生。在中国经济众多的关键问题中，我选取了最值得重视的话题，组成了 30 讲。

我在得到有门课"经济学大师 30 讲"，那门课更多关于思想，而这门课更多关于现实，二者没有重叠，彼此补充。可以说，一个道，一个术。

我之所以选择自己来做这门课，就是希望提供原汁原味的系统。我在本书中尽量做到三点——独立、独家、独到，给你中国经济完整的知识框架。

我和你，希望达成什么目标？就是学习之后，对于中国经济有一个系统化的认知。在不确定的年代，明白看经济，把握大小趋势，预见个人前途与国运的同时，完成自我成长，拒绝心理按摩。

与此同时，我觉得，对经济的观察不能停留在现象，还是应该以严谨研究和学术理论作为武器。

因为世上很多事情，没那么多石头里蹦出来的洞察或者思想，很多难题，早有人想过了。

在本书中，我额外附赠一个福利，每一讲后会推荐一本与主题相关的好书，让你去延展学习。推荐三十本书的书单，构成了理解中国经济的深度认知地图。

如果大家有兴趣，回头我们可以在"徐瑾经济人"社群，组织一起读这三十本书。

这样的话，知识从现实到理论，就有了延展，才能真正理解，才算是真的属于你的知识。

最后，总结一下，这本书，你将收获什么？

一个重新理解财富的新高度；五大主题洞察经济真相；三十个维度立体剖析中国故事；多学科视角探索国运趋势；三十本好书延展思维方法论；一个系统的经济通识框架。

FUTURE ECONOMIC 30 KEY WORDS

# 制度变革

# 第一章

中国经济过去与现在

# ❶ 经济史：大师钱穆透视经济

*中国文化是大陆文化，而不是海洋文化；中国文化是村落的，而不是都市的。*

要聊中国故事，还真是千头万绪。从时下热闹的民族复兴与贸易摩擦开始，还是从上一届政府的"胡温景气"谈起？或者从过去四十余年改革开放的艰难险阻说起，还是从 1949 年以来的百转千回开篇，或者上溯更早？

看问题，没有看到本质，往往是因为没有历史感。这一章，希望读者站得更高、看得更远，我先给中国经济三千年一个简单的素描，然后再将目光投射回现代中国。

我想还是应该回到根源，谈谈中国经济的来龙去脉，这就离不开经济史。那么，我们今天已经是工业时代，甚至是后工业时代了，再去看中国过去的时代，是不是太落伍了？不是这样的。过去的东西，都有着类似的基因，积淀在我们的血脉之中，很难改，它在冥冥之中决定了很多东西。然而很不幸的是，我们对过去的认识，很多是错误的。这就尤其有必要从中国经济的历史谈起。

有没有想过中国经济的历史根基是什么？很多人会拍脑袋说，是封建制度。这是错的。从封建的本来意义而言，封建是所谓的封邦建国。中国也曾经有过封建阶段，那是在周朝，但很早就结束了，之后就是以大一统的官僚体制为主，所以中国并不能说是封建制度。而且在春秋战国时代，中国有诸侯，不仅有诸子百家，国家也曾经万邦林立，文化多种多样。

随着大一统的建立，秦汉之后，诸侯丧失治国的权力，中国的国家结构开始发生变化，逐渐从"既封且建"，也就是有爵位、有土地、有世袭，到"封而不建"，也就是不分封、不世袭。这种情况下，土地和附属权力逐渐分离，财政权力也逐渐集中于中央管理，贵族不再是世袭阶层，只是荣誉头衔。由此可见，中国历史上的经济制度和欧洲并不相同，和日本也不同。

别小看这个区别，它影响了财政、货币等制度。

真正的封建，往往意味着君主与贵族共同治理，而中国在古代其实是一家的天下，皇帝独大，官僚体制则成为附庸。

我们看中国，首先要搞清楚基本的国家结构。国学大师钱穆就说，不能把西洋历史模式的结论套入中国历史中，比如西洋有罗马奴隶社会，但中国没有；中国是皇位世袭，传给儿孙，但是罗马不这样，而在英国则可以传给女儿。这些分别看起来是世袭的有无，其实是权力制度的不同。

所以，封建不是落后，理解封建之有无，才算真正理解中国。

谈完权力结构，我们再来看中国经济的特点。中国和其他文明，古代都是农业经济。这看起来，和其他地方没有什么不同。不过，看起来一样，不等于真的一样。这就是经济史需要解释的地方，中国究竟和其他地方有什么相同和差异之处。

我们借助钱穆的框架，来了解一下中国经济从古到今的底层逻辑。

研究中国和西方的古代经济，应该彼此对比印证。

钱穆指出，农业经济有三方面要点。

第一个要点是生产的经济。从生产选择的角度而言，农作物的种类以及这些农作物的价格都很重要，如种稻还是种玉米，如各地同类粮食之价格不同。

第二个要点是农村的经济。不少民国成大事的、做大学问的，往往都在农村做了很多调查，比如费孝通、梁漱溟。

从农村经济的角度看，中国农村经济活动与西方的不同，甚至在中国内部，各地的农村经济活动也是各不相同。比如广东番禺，自秦朝到民国，其农村经济两千多年从未变过。而有

the地方，几十年就变一下。与农村相对应的是城市，钱穆说，中国的城市概念和西方完全不同，其起源与结构既不是西方的封建城堡，也不是西方的自治城市，更多的是附属于中国独特的行政管理结构。钱穆认为，中国文化自始至终是建立在农业上面的。联系我们前面说的封建制度，就发现看起来一样的东西，实际上区别却很大。

最后一个要点，是农民的经济。西方农民属于庄园，中国则为佃农与自耕农。钱穆认为，从农民地位看，中西不同。反而是生产物品的价格，东西方差不多。

可见农村、农业、农民，在中国经济的历史中地位不低。中国所说的士农工商，无论怎么改，本质一直是这样，做官第一、农业第二、工商业最末。即使到现在，中央政府每年发布的中央一号文件，基本都和"三农"问题有关。

钱穆认为，从古代农作物而言，中国历史分为三期。

第一时期，西周以前，为黍和稷时期。黍和稷都是粮食，也就是大家所谓的五谷里面的黄米和高粱。我们常说江山社稷，社为土神，稷为谷神，是我们早期的原始崇拜物。在古代，王可以换，只要社稷还在，国就不算亡。

到了第二时期，自春秋至战国，主要的农作物发生了变化，由黍稷转而为粟麦，所以这一时期又称为粟麦时期，也就是五谷中的小米与小麦。

这之后的时间，是稻米时期。

从中可以得出什么结论？在古代，农作物对应着文明的变迁。比如日本，总说自己是稻米文化，那么日本受到中国的影响很可能是在战国之后。从经济来透视，我们就发现中国历史的一些深层次的逻辑。中国人口的历史，基本是一个从北方向南方迁移的过程，但是南方经济的影响在后期越来越大，尤其是在稻米时期。稻米主要产在南方，最早甚至不算是五谷。但是，最迟在宋代之后，中国的主要农产品已经变为稻米了。

钱穆就说，中国文化是大陆文化，而不是海洋文化；中国文化是村落的，而不是都市的。对比之下，希腊、埃及这些文明，重点在都市。埃及、巴比伦是平原文化，中国北方为高地或者说陵谷文化，南方则更类似河流文化。

历史上，中国北方对南方的迁移，一直在持续。中国的历史，在某种意义上，就是北方对南方不断征服的历史，即高地文化对河流文化的征服。

这，才是中国历史的底层逻辑。

要明白看经济，需要有三个方法：数据、逻辑、历史。三者俱备最佳。谈数据和逻辑的人已经不少，但是历史则很少，尤其经济史、金融史更是如此。历史和经济两个门类近了老死不相往来，学者要么是单纯的历史学科出身，不懂经济，要么是单纯的经济学科出身，不懂历史，即使有所兼顾，也往往顾此失彼。

这是很大的遗憾，对于洞察经济来说更是如此。经济科学家与一般对经济问题想过、谈过和写过文章的人之间，最大的区别是什么？经济学大师熊彼特认为，经济科学家需要掌握三门基础学问：经济史、统计和理论。可以说，这三门学问合在一起构成了我们所谓的经济分析。而且，在这三门基础学问之中，他认为经济史是最重要的一门。他甚至说，假使他要从头开始研究经济，而又只能在三门中选择一门来研究的话，那么他会选择经济史。

曾担任过世界银行首席经济学家的林毅夫，也认为读点钱穆等人的经济史很有意义。他说："中国下一步的挑战，或许在于重构自身传统与世界的联系。在对西方学说理论的引进介绍之外，还需要重新理解自身的历史演进。"

这一讲，我推荐的是钱穆的《中国经济史》。重新通过钱穆来透视中国，你会首先发现，中国过去的封建制和西方并不一样，甚至，不是封建。其次，中国的南北变迁，其实是高地文化对于河流文化的征服，尤其从农作物以及农村经济要素来看，农业思潮是中国经济、政治的根本。最后，还是要强调，多学一点经济史，才能真正理解经济学。

读经济学，是为了掌握知识认清现实。学院派那套游戏规则，比如对于经济史的忽视，你可以不用理会。从比较优势来看，别人不重视、不知道的，你学了、你会了，才更有价值。我近年越来越觉得，要了解中国经济，重新梳理中国经济史尤其重要。正确认识我们从哪里来，对知道我们到哪里去，很有帮助。一切历史都是当代史，经济史更是如此。读经济史，就是了解当下经济的深层次逻辑。

## ❷ 盐铁论：两千年前的国进民退

> 盐铁之争的象征意义则更为深远，因其中双方之往来交锋诘难，使得讨论不断深化，争论的范围囊括了中国古代之经济、政治、军事、文化、思想。这算是儒家思想与法家思想的最大一次公开的论战。

继续追溯中国经济的本源。《盐铁论》中的"盐"就是我们吃的盐，"铁"就是一般用的铁。这两样东西，今天看起来很普通，在过去却是很重要的物资。

在汉代，曾经爆发过一场盐铁争论。这场争论，可以说是透露了中国两千年的经济密码，那就是国家主义的主张。

为什么会有盐铁争论这回事？我们知道，秦始皇灭亡六国，创立了皇帝制度，结果没多久，秦朝就灭亡了。可以说，完全是为他人做了嫁衣。所谓四海统一，全然是为后来的汉朝开路。中国的体制与治国理念，基本于汉代定型。所谓"百代皆行秦政事"，就是说大家都是秦朝的制度。但其实，汉代贡献也不少。

不少人认为汉武帝雄才大略，开创了强大帝国的盛况。事实上，武帝好大喜功，后人褒贬不一。所谓的"秦皇汉武"，今天听着像是溢美之词，在古代还有另外一层含义，能和秦始皇并列的君主，肯定与儒家眼中的仁君有些差距。

从经济而言，汉武帝的内政外交，被人歌颂的那些不是白来的。一句话，都需要钱，需要帝国财政的倾力支援。其中的首要功劳，就是财家桑弘羊推行的盐铁政策。所谓盐铁政策，主要就是把本来属于民间的盐铁业收归国有，由国家专营；同时，兼有均输、平准、改革币制等经济措施，也就是国家各地统一征购和运输货物。就这样，一整套政策搭配实施下来，国库由此获利良多。

盐铁新政虽好，但要看对谁好。更多是对皇帝好，对其他的人，可能就没有那么好了。损害了什么人的利益？首先，触及豪族大商人的实际经济利益，打击了当时本来很繁荣的民间工商业。其次，意识形态上，武帝政策更偏向法家，与当时的儒家以及无为而治的黄老的学问，都相抵触。最后，因专卖政策实施上的技术问题，百姓对官方盐铁的质量多有不满，所以民间亦有很多怨声。

我们常说家天下，在古代意味着皇帝把国家政权当作自己一家的私人财产。这也意味着，虽然皇室总说"爱民如子"这样的话，但百姓的声音没那么重要。汉武帝在世的时候，任用酷吏，法律很严苛，甚至所谓的"腹诽"，也会被判刑，有怨言也只能忍着。汉武帝很强势，反对盐铁政策者都受到了打压；等他死后，矛盾迅速公开激烈化。很快，继任皇帝下令贤良文学 60 余人至长安，"问以民所疾苦"。这里的"贤良文学"，并非今人所理解的文学家之流，乃是汉代选拔人才之科目，贤良乃是有功名之人，文学乃儒者，是以研究儒家经典为生的专业人士。

而贤良文学一来，把民间疾苦之因直接指向盐铁政策。朝廷主持盐铁政务的大夫桑弘羊，就坐不住了。于是，就有了一场激烈的大论战。双方就盐铁官营问题所引起的有关国家政策，展开了激烈的辩论。会议结果是，仅仅是由桑弘羊主动提出的解除酒专卖一项得以实施，其余主要政策仍然得以保留。但是，盐铁之争的象征意义则更为深远，因其中双方之往来交锋诘难，使得讨论不断深化，争论的范围囊括了中国古代之经济、政治、军事、文化、思想。这算是儒家思想与法家思想的最大一次公开的论战。

在此之后，盐铁之争有了各种标签。比如，儒家与法家的斗争，重商主义与重农主义的斗争，干涉主义与放任主义的斗争，政治派别斗争，豪族与商贾斗争，还有的说是外戚与皇权之争。众说纷纭，各有道理。

盐铁政策那么多人反对，为什么还能够贯彻？因为盐铁政策，是天子收编商人为官员，即收编桑弘羊、孔令这些人的策略。然后利用国家权力，将盐铁专卖从豪族大商人手中夺来。

目的是什么？为征战以及灾患带来的国家财政危机买单。盐铁政策的直接利益受损害者，乃是大豪族与大商人。用今日的眼光审视，也许在仇富的人眼中，还是具有历史合理性的，但这种眼光缺乏历史深度。国家以国家权力垄断工商业，虽然在一时之间，不失为敛财之术，但从长期来看，必然会束缚自由经济的萌生和发展。

对于桑弘羊的经济措施，历史学家黄仁宇曾有过评论，一针见血。他说，桑弘羊并没有利用商业组织及商人资本，来增进政府的功能，也没有利用政府威权，去扶助商业发展，以扩大后来的财源。在古代东方专制国家，这好像是常态。即使掌握着技术以及管理才能的商人，往往都处于而且只能处于工具地位。这意味着，朝廷掌握了他们，会得到巨大帮助；而他们自己的位置，却难以得到保障。

回头来看桑弘羊等人，今天仍有很多批判，盐铁新政甚至被解读为全球最早的凯恩斯主义。这种解释看起来很有道理，其实有点张冠李戴、没有说到重点。凯恩斯主义的前提是市场经济完备。在汉代，市场力量如此孱弱，儒生和桑弘羊都隐含了国家主义的一面。

在这场辩论中，利益受到损害的商人，其实是真正应该出面的人。但是，他们却根本没有机会登上前台参与辩论。而且，在家天下的制度下，国家财政的汲取机制问题，从来没有得到彻底解决。汉武帝需要盐铁专卖，他的子孙和效仿者也需要。剩下的问题，无非是韭菜是谁的问题，是商人还是农民？换而言之，社会的声音被淹没了，这才是真相。

"国进民退"这个词这些年很热，一般用于表示国有资产进入，同时民营资本被迫撤出。盐铁论的故事，可以说是两千多年前的国进民退。

在古代，民间拥有财富，从来不等于拥有自保权利。

总结一下，盐铁专卖的争议，不仅在当时有意义，在当下也值得借鉴。中国经济有国有和私有的纠葛，可上溯千年。要害在哪里？不在于效率的缺乏，而在于权利保护的缺位。小说家奥威尔曾经说，谁控制了过去，谁就控制了未来。理解过去，正是理解今天的钥匙。

这一讲我要推荐的书，就是《盐铁论》，它是读懂中国经济史的必读书。

# ❸ 李约瑟之谜：中国近代为什么落后

> 李约瑟之谜，如此令一部分人着迷，甚至不可自
> 拔，原因在哪里？我想更多是由于其饱含情感。

中国经济的过去，有好的，也有不那么好的。有一个问题是绕不开的，那就是为什么历史上的中国，曾经看起来很领先，而后来却逐渐落后了？

这一问题，学术界很多人也研究过，有很多版本，最著名的当数"李约瑟之谜"。李约瑟是英国学者，研究科学史。在研究过程中，他发现，中国古代对人类科技发展做出了很多重要的贡献。很自然地，他就感到很奇怪，为什么现代中国不再领先？经济学中的芝加哥学派有句名言，"复杂的问题有简单的答案"。不过这句话放在真实世界，往往有点靠不住。历史的真相是，简单问题往往有复杂的答案。

李约瑟提出的这个关于中国的问题，激发了很多后来人的

思考。有人从文化角度出发，认为中国文化早熟封闭，注定与资本主义无缘；有人从科举制度出发，认为中国没有职业科学家；有人则从地理出发，认为是大一统的环境阻碍了分权以及分工；有人则从资源出发，认为过度发达的农业，使得中国长期处于"高均衡陷阱"；还有一部分人，从偶然性出发，认为中国恰好没有出现改变历史的影响人物……这些回应者中，有很多大家熟悉的名字，比如梁漱溟、戴蒙德、伊懋可、杨小凯、黄仁宇、林毅夫等。他们都为这个问题贡献了有价值的回应。

林林总总的回答虽然新鲜，但其中也有套路。这些回应基本都在回答，中国"没有什么"。这些答案，隐含着对中国缺乏某种元素的焦虑。其实，"没有什么"对应的是"有什么"，它的主体，是西欧，这也衍生了李约瑟疑问的另一个版本，也就是社会学家马克斯·韦伯的提问，即著名的"韦伯疑问"：工业革命为什么首先发生在西欧而非中国？

解决复杂的问题，第一步需要什么？数据。依靠数据，可以拨开意识形态的迷雾，给予更清晰准确的坐标系。

说起经济史数据，学界引用最多的是经济史学家麦迪森等人的数据。从他们的研究来看，有什么结论？公元1000年，亚洲（不含日本）收入占全球GDP 2/3以上，西欧不到9%；1820年，亚洲为56%，西欧为24%；到了1998年，亚洲为

30%，西欧及其衍生国（如美国等）则为 46%。由此可见，以中国为主体的亚洲经过鼎盛时期，逐步到落后，再到发展的过程。

在大家的传统观念中，中国好像是从清代才开始落后的。事实上，如果将视野放得再长远一些，对比亚洲与西欧的经济实力，就会发现事实与国人的惯性记忆不同。从公元初开始算，根据麦迪森的数据，从西欧和中国的人均数据对比来看，二者的区别不大。在农业时代，大家都陷于马尔萨斯模式之中，也就是说发展最开始都是依靠人多，但人多了，粮食又不够。

随后的 1500 年中，情况就不同了。中国人均收入，除了在宋朝时短暂地超过西欧外，其他时候都落后于西方。而西欧的情况呢？在 14 世纪之后初步摆脱了马尔萨斯陷阱，人均收入大幅跃升，与中国拉开了距离。如果进行更为长远的考察，西方的领先恐怕也并非一时。按照历史学家伊恩·莫里斯的研究，在人类 15000 年的绝大部分时间里，西方的发展指数均高于中国。

我们是中国人，谈关于中国的话题，总觉得中国和其他国家不一样，带有更多的不可测量性。站在全球的视野来看，其实中国并没有那么特殊。也可以说，中国或许正代表了世界的大多数。与其说中国特别，不如说中国太正常了，符合一般农业文明国家发展的必然路径。

更进一步来说，总拿中国和西欧比较，真的是一个好的参照系吗？与中国以及其他文明对比，西欧其实相当特殊。也正因此，如要正确回应李约瑟的疑问，不应该回答中国缺少什么，而应该回答西欧有什么。

比如欧洲一直有局部战争，14 世纪更是发生了黑死病的流行，看起来是满目疮痍。同时代的中国，是元明时代。当时的欧洲也许表面看起来没有中国强大，但是从社会形态等方面来看，早已为下一步几百年的变革做好了准备。政治学家福山强调，西欧是一个特例。从西欧的政治发展秩序看，可以总结为高度异常："现代国家或资本主义兴起之前，社会层次的个人主义便已出现，而且早了数个世纪；其政治权力集中于中央政府之前，法治已经存在；其负责制机构的兴起，却是因为现代中央集权国家无法击败或消灭旧封建机构，比如议会。"

在一般人通常的认知中，现象往往会被误当作本质。当人们认为科技发展、工业革命、人口爆发是经济增长的原因之际，它们其实只是增长本身，而非增长的原因。增长的线索并不如此显而易见，而是深深植根于历史经纬之中。诺贝尔经济学奖得主道格拉斯·诺思在研究了西方的兴起之后，得出结论，有效率的经济组织是经济增长的关键。这恰恰就是西方最终跳出马尔萨斯陷阱的终极原因。

由此来看，李约瑟之谜，其中的逻辑关系值得再度推敲：如果中国在历史上并未在人均收入上超越西方，何来中国何以落后之问？科技发展并不会自动带来经济增长，而经济增长才是一个社会是否发展的最终裁决。中国古代科技是否领先西方姑且不说，至少，数据告诉我们，中国社会经济发育程度，并未一直领先于西方。

回头来看中国。李约瑟之谜，如此令一部分人着迷，甚至不可自拔，原因在哪里？我想更多是由于其饱含情感。从这个角度而言，所谓的李约瑟之谜，需要国人冷静地思考。今天我们看中国发展，必须放在一个更新的水平面上来看待：中国需要寻找的道路通向未来，而不是通向过去；即使唐宋物华天宝的灼灼光华，在其世足以让四方蛮夷衷心崇仰，却不是现代中国应该追随的梦想。我们应该全力拥抱全新的社会经济发展机制。

李约瑟疑问的提出，已经过去80年。中国的国际地位，也此一时彼一时。但中国近代以来的落后，却一直是国人的集体记忆。不可否认，这段记忆至今仍旧沉重，即使今天中国再度吸引了全球的目光，当之无愧地成为不可忽视的大国。

今天中国经济的体量，已经成为世界第二。最乐观的说法是其将在数年之内超过美国。不过，我们看到了2020年，中国超过美国的预言还是没有实现。即使"中国第一"的时代似乎触手可及，但是不安却胜过以往。中国回归"正常国家"的道路还在前方，这一进程中的时代焦虑始终挥之不去。李约瑟的幽灵仍旧徘徊在中国的土地上，李约瑟式的质疑仍旧萦绕在我们头顶。

总结一下，经济高速增长的中国要顺利转型，就要摆脱非现代经济组织的约束。这个时候，对比世界和中国，将是一把重要钥匙。

推荐《世界经济千年史》，它是经济学家麦迪森的代表作。这本书中有很多数据，可以说是经济学家必备的工具。

## ❹ 三大红利：中国奇迹的真相

> 中国奇迹并非不能解释，关键都在于改革开放。
>
> 三大动力来自人口红利、市场化改革、加入WTO。

中国经济是如何发展起来的？从经济而言，中国这三四十年间，走完了西方几百年的时间。看起来很炫目，但是背后逻辑是什么样的？中国故事千头万绪，如何从头说？国内流行所谓渐进与激进的分类，也有分权与集权的总结，更有人执着于产权界定，也不乏有人引入南非模式及拉美模式以资对比解释，其他说法更是芸芸不可数。

中国研究，不少在中国之外，中国经济研究也一样。对于中国的发展，国外兴趣也日渐浓厚，从早年的崩溃论转而走向奇迹论，理念层面也出现了不少变化。最开始，有人认为中国成功，是因为模仿了政治正确的"华盛顿共识"。华盛顿共识，就是西方国家在20世纪80年代末期一直向发展中国家推荐的药方，主要偏向新自由主义。比如加强财政纪律、改善收入分配、开展税制改革、实施贸易自由化、保护私人财产权等十条。与之对应，美国《时代》杂志的一个前记者，则总结出更通达圆润的"北京共识"，包含艰苦努力、主动创新和大胆试验，坚决捍卫国家主权和利益，循序渐进、积聚能量等内容。

解释很多，也很复杂，但我们没必要纠结于这些概念，而是要看核心。这些共识转移的背后，更多地代表中国实力的变迁，从以往的"好学生"，转变为输出模式的"老师"。关键在哪里？2008 年之后，中国看似毫发无损地走出了全球金融危机，几乎一夜之间，意外的荣誉纷至沓来。中国的一切，好像都变成了优点，而且很特殊。

经济学家怎么看？有的经济学家只是改革研究者，而有的是改革亲历者。普林斯顿大学的经济学家邹至庄就属于后者，他不仅对中国大陆十分关注，而且曾经影响了台湾的改革。

邹至庄是海外华人经济学家。在中国改革中，海外华人经济学家无疑是个特殊的群体，多年游走于中西方之间。在经济学成为显学的今天，他们的言行备受瞩目。凭借对中国现实的准确把握和深刻洞察，邹至庄成为其中的佼佼者。回望 40 年，海外华人经济学家中，更是很少有人像邹至庄这样对中国这么了解。

中国改革开放 30 年的时候，我曾经请教过他。多年来的中国高速增长被不少人认为是中国奇迹，回首中国经济的发展路径，他有什么看法？他说，中国经济能否继续高速发展，首先取决于中国经济发展的动力所在。对于中国经济取得成功的原因，他做出了自己的解释：中国经济发展最基本的三个原因在于人口素质、选择市场经济制度以及后发优势。如此说来，他认为这符合经济规律，并不是什么奇迹，与亚洲其他国家的起飞非常类似。

所谓后发优势，经济学家林毅夫说得比较多。到底该怎么理解？其实就是指，后起国家在推动工业化方面的模仿效应，可以利用别人的经验以及技术。可别小看这一力量，相当于别人努力探索出来的东西，你省力地照办。所以中国的高速发展，从经济学的角度来解释，主要动力就是后发优势。

邹至庄谈到中国经济的三个优点，曾对我说，"这是真理，不会改"。他甚至乐观地预期，因为这三大优势不会有根本性的变化，所以中国的高增长率，最少还可以维持 15 年。如今 10 年过去了，我们也看到一些反复。邹至庄总结的中国经济发展成功的三大因素中，我对最后一点很感兴趣，这也是变化最大的一点。

这一点涉及了一场重要争论，即经济学上后发优势与后发劣势的著名争论。争论的两位主角，一位是大家熟悉的，曾经担任世界银行首席经济学家的林毅夫，另一位主角，是大家熟悉的杨小凯，不幸的是，他已经去世了。杨小凯和邹至庄渊源不浅，正是邹至庄，在 20 世纪 80 年代将杨小凯引荐出国。杨小凯认为，后起国家往往有更多空间模仿发达国家，因为制度改革比模仿技术更痛苦，更触痛既得利益，所以后发国家往往倾向于用技术模仿来代替制度模仿。这样一来，短期效果不错，但是长期来说代价很高，导致忽略制度层面的根本改善，这种制度缺失反而会形成一种劣势。

后发优势与后发劣势的争论，就像两只赛跑的老虎，看谁跑得快。这一争论，学术性也许不那么强，却决定了中国经济的未来。我的看法，过去 30 年，后发优势占优，此后，后发劣势逐渐展现。

我再多说几句杨小凯，他无疑是经济学家中少有的思想者。可以说，作为思想者，杨小凯影响了很多人。他关于晚清经济、社会关怀等思考至今仍具有洞察力。如果没有作为思想家的杨小凯，公众对一个经济学家的情感，恐怕难以如此深厚；但如果没有作为经济学家的杨小凯，思想家杨小凯的地位肯定大打折扣。

不过，杨小凯英年早逝，令人遗憾。为了获得"经济学家"这一身份，即使天赋如杨小凯这样高，也付出了不小的代价。我曾经听朱学勤教授回忆，杨小凯在 20 世纪 80 年代初

期，离开中国去普林斯顿大学攻读经济学博士。他当时的目
的，就是希望能够争取到专业身份发言。只是这一去，注定其
路修远。杨小凯太太吴小娟谈起来都很感慨，杨小凯当时写信
给她说，自己在普林斯顿读书，比"文革"坐牢十年还苦。
经历了苦读毕业、四处求职、论文发表、终身教职等惯常学术
路径之后，杨小凯跌跌撞撞，终于快要熬出头的时候，竟然离
开了世界，享年不过 56 岁。杨小凯在 90 年代中后期获得经济
学界的认可，在公共视野中也开始更多地关注中国问题或者思
想问题。可惜的是，这一阶段不足十年。

　　总结一下各方观点，我的看法是这样的。中国奇迹并非不
能解释，关键都在于改革开放。三大动力来自人口红利、市场
化改革、加入 WTO。这不单是一个制度经济学问题，也不单
是宏观经济学问题，其解释涉及综合性的经济思想。人口红利
意味着中国经济跳出了马尔萨斯陷阱，其中熊彼特意义上的创
新发挥了作用；市场化改革意味着降低了交易成本，推动了增
长；加入 WTO，意味着利用比较优势参与全球贸易整合，是
后发优势的体现。

　　只是这三大优势，到今天有什么变化吗？的确有不同程度
的改变，以下章节我们继续讨论。今天的福利荐书是《百年
中国经济史笔记》，是朱学勤教授邀请杨小凯创作的。

## ❺ 1978：科斯边缘革命的胜利

科斯认为，正是这些中国社会边缘的经济力量，成就了一系列变革，将私营企业重新带回到经济体制中，为日后的市场转型铺平了道路，成就了市场改革。

本节就进入第一章的尾声了。这一章，说来说去，就是从不同维度，解释清楚中国经济发展的基础和起点。中国的发展，起源于改革开放，1978 年是一个节点。那么中国为什么要改革开放，改革是如何成功的呢？

2008 年是中国改革三十周年。诺贝尔经济学奖得主科斯在芝加哥就组织了一场会议，来谈这个话题。而科斯本人在 2013 年 9 月 2 日去世，享年 102 岁。

科斯是英国人，1910 年 12 月 29 日出生于伦敦。他小时候腿不好，数学也不是很好，误打误撞选了商科。谁知道，他在经济学里找到了自己的优势，最终成为神一样的经济学家。以他名字命名的科斯定理，版本很多，应用广泛。通俗地说，就是如果产权明确，而且交易成本很低，甚至不存在，那么市场均衡的任何结果，都是有效率的。

科斯会议上，一个关键问题，就是讨论中国做对了什么。回头来看，中国实力扩展，是在 2008 年全球金融危机之后。我们中国人在全球感觉自己富起来，也是最近十多年的事。金融危机令西方损失惨重，中国却一跃成为世界第二大经济体。几乎一夜之间，对中国的称赞纷至沓来。中国的一切，也有了很多表扬的声音，从特色发展成为模式。中国在世界上的定位也有了变化，从廉价产品出口国过渡到了价值观输出地。比如经济学家张五常甚至说："现在中国正在浮现的制度，是人类历史上我知道的最好的制度。"

到底应该怎么看？复杂的问题也许存在着相对简单的答案。比如，始终带着问题意识进行学术研究的经济学家周其仁，对流行的看法都不感冒。他认为，如果有人认为中国的改革开放是什么"华盛顿共识"指导出来的结果，那是对历史的无知，而如果有人要编"北京共识"和人家打擂台，也毫无必要。为什么这样说？他认为，"北京共识"早在 1978 年就有了，"所谓纲领就是改革开放"。

也就是说，中国的成功，虽然是最近十年才看到的，但是其根源，很早以前就已经埋下了。

周其仁总结了邓小平规划下的中国改革四大特点。首先，是中国特色的产权界定，典型的如包产到户，把"国家政策的方向转向了对促进生产力的自发合约提供合法承认与保护"。这可能和西方严格的产权界定不一样，是从无到有的突破。从达成改革目的来说，也符合科斯定理所谈的交易成本最低的道路。

其次，就是把企业家请回中国。从肯定荣毅仁到傻子瓜子的案例，周其仁认为，中国逐渐"承认并保护了普通人自由缔约、创办各类企业、按投资要素分配收入的合法权利"。

再次，就是重新认识看不见的手，虽然看得见的手并没有完全消退，但是市场力量，逐渐成为行政力量不可忽视的角色。在这个过程中，两者告别了非黑即白的对立，局部共识是："计划组织与价格机制可以在一个经济体里共存并用，并以实际的运行成本为依凭来划清彼此之间的界限。"

讲完中国做对了什么，再来看看，最大的担忧与隐患是什么。或许来自第四个方面。在上面三大改进之中，一方面放权，另外一方面则同时滋生了大量寻租，无论是政治体制改革还是贫富分化问题均与此有关。周其仁将其归纳为对腐败的挑战，他认为邓小平的答案是多手并举：道德教育、党的纪律和法治。

张五常曾经对周其仁说，"你不要跟我说中国的不对，你要告诉我中国做对了什么"。周其仁上述分析，可以视为对张五常的回答。古人说，治大国如烹小鲜，我们谈宏观谈经济也是一样。改革的话题，虽然看起来很宏大，但是也可以从细微处理解。改革，也可以用投资来作比喻。在投资中，做对的决策并不是最难的，难的是不做错误决策，正确的自我重复并不容易。人的本性总会诱使你犯各种错误。显然，周其仁并不如张五常那么乐观。他并没忘记强调改革的未完成性。所以，他及其大部分同行，开出的方子是法治。

周其仁的看法，其实是在科斯的会议上提交的论文，算是作业。无论张五常还是周其仁，更多看到的是中国改革从上而下的一面。科斯有什么不一样呢？他看到了另一面，那就是从下而上的一面。

科斯对于中国的改革的观察，极具洞察力，不仅仅是交易成本，还有边缘革命。"交易成本"这个概念，简单说，也就是为了完成交易需要的费用。而所谓边缘革命意味着：在国家主导的改革陷入停滞之时，真正有突破性的改变却在社会主义经济的边缘暗潮涌动。

在中国，最先发展起来的地区是沿海，并不是传统经济的中心，而是它的边缘，在受国家控制最弱的地方。真正的改革先锋也不是国营企业，而是那些"落后的、被边缘化的群体"，这些群体，往往游离在主流之外。

问问你家里人，最早创业的人，往往是那些没有铁饭碗的人。他们离开体制没有成本，可以在新的领域展开手脚。我的一位企业家朋友就告诉我，20 世纪 80 年代，最大特点就是资本家的孩子又"得势"了，而农民的孩子继续打工。这些资本家的孩子，曾经饱受歧视，而农民的身份，曾经是清白的保证。

科斯认为，正是这些中国社会边缘的经济力量，成就了一系列变革，将私营企业重新带回到经济体制中，为日后的市场转型铺平了道路，成就了市场改革。边缘革命的成功，也可以说是因为边缘地区交易成本比中心地区更低。

这样的概念，自然为中国经济学人诊断现实，或者说呼吁改革，添加了重要的理论武器。以至经济学家周其仁，将邓小平的改革与科斯的理论相提并论。他认为，二者在"改革的中国"进行了历史性的"会面"："一个实事求是的经济学家离开了'看不见之手'支配一切的理论原点，向企业家协调与价格机制协调并用的真实世界出发；一个实事求是的政治家离开了计划经济的教条，向市场与计划并用的体制前进。"

这是很敏锐的判断，也揭示了国人科斯热的集体情绪的背景之一。那就是，以科斯的名义，呼唤中国的改革。

总结一下，科斯对于中国改革的观察是从边缘革命开始的。而中国人对于科斯的关注，背后的逻辑也符合经济学原理。按照科斯定理的视角，中国人对科斯的关注行为，也是降低交易成本的一种做法。

在中国改革进行了四十余年后，容易的改革就是加法，也就是增量改革。不过到目前，容易做的增量改革大体已经走完；同时，艰难的改革，也就是存量改革，的确困难重重。为什么？这需要触及利益。这些年，关于改革的呼声日渐兴起，事实上这也是改革缺乏动力的表现。可以说，科斯对中国放开计划生育、放开言论自由等建议，已经不是经济领域的建议，跨越到经济之外，这些建议都受到了各界的热议。原因何在？事实上，这也反映了大众呼唤进一步放松管制的期待。

今天的福利荐书，就是科斯的《变革中国》。这本书的封面广告语是这样写的："从来没有一个诺贝尔经济学奖得主如此系统阐述中国几十年惊心动魄的变革。"

古人常说胸中要有沟壑，就是说人要有深度，应该看得远。这一章主要是中国经济根基的一个素描，可以说是历史的长镜头，让你明白中国经济的时代坐标。下一章，我们进入更近距离的审视，看看这十年中国经济的变迁与未来趋势。

# 30

## FUTURE ECONOMIC KEY WORDS

# 宏观大势 第二章
## 把握中国经济的脉络

# ❻ "四万亿"：超级凯恩斯主义的现实版

所谓凯恩斯主义，简单说，就是主张国家遭遇危机的时候，采用扩张性的财政政策，通过增加需求促进经济增长。

本章我们将从宏观维度，来把握中国经济脉络。要谈宏观，要掌握全局，节点就非常重要。我们前面谈了 1978 年、2001 年，这都是很重要的年份，那么，最近一次对于中国非常重要的年份，就是 2008 年了。

为什么？这一年，爆发了全球金融危机，中国出台了"四万亿"刺激政策。美联储前主席伯南克曾经说，大萧条是宏观经济学的圣杯。从某种意义上讲，"四万亿"刺激政策，也是中国经济学的圣杯。

中国的"四万亿"政策，决定了中国这十年的发展，甚至还会影响到未来的发展。2008 年金融危机对西方是个打击，对中国则不一定，反而出现了中国实力的相对提升。中国做了什么？其中很重要的一个就是"四万亿"刺激政策。"四万亿"是什么意思？从 2008 年年底开始，面对金融危机冲击，中国推行了规模达到四万亿元人民币的积极财政政策，也就是加大投资。从结果来看，这一措施很及时，在 2009 年第一季度中国经济就开始恢复了增长，2009 年的经济增长率达到9.2%，2010 年达到 10.4%。经济学家林毅夫认为"四万亿"启动了需求，启动了消费，启动了就业。

从 2008 年开始，"保增长"就成为长期国策。当年，面对席卷全球的金融危机，中央财政推出"四万亿"大手笔，中国 GDP 增速最终"保八"成功。

如何评价"四万亿"，这将是中国各界难以回避的话题之一。从一个角度来看，"四万亿"很成功。但是经济学告诉我们，任何事都有成本。可以说，每一个"看得见"的成功的背后，都有"看不见"的代价。每一项政策推出，除了立竿见影的短期效果，更伴随着中长期的潜在效应。

"四万亿"之后，有人说要埋葬凯恩斯主义。所谓凯恩斯主义，是建立在经济学家凯恩斯理论基础上的政策主张。简单说，就是主张国家遭遇危机的时候，采用扩张性的财政经济政策，通过增加需求促进经济增长。

其实，"四万亿"并不是凯恩斯主义。因为凯恩斯主义的条件是在危机时刻才实施，而当时的情况，西方危机很严重，中国没那么严重。所以，"四万亿"可以认为是一种超级版的凯恩斯主义。也就是说，在没有面临重大冲击的情况下，也动用了投资拉动。

从中国经济的构成来看，有"三驾马车"的说法，即拉动经济的三个要素：投资、消费和净出口。一旦出口因外围经济下行收缩，内需虽有增长，但无法弥补外需之缺的时候，往往可以借投资之力，"投资"是匹惯用的"轻车熟马"。

换一个角度的话，"四万亿"的代价是什么？简单说来，"四万亿"有三大弊端难以回避。

首先，这一政策使得随后两年中国经济饱受通胀之苦，官方 CPI 长期在 5% 以上，导致了新一轮资产泡沫。那几年，银行存款利率长期低于通胀，相当于银行给予民众的是负利率，而且民众投资渠道也很匮乏。可以说，这造成了财富的逆向再分配：不少家庭财产缩水，而富者愈富。在官方低利率政策之下，每年银行存款中暗含的通货膨胀税就超过万亿。

其次，"四万亿"中，不少企业得益，有民企，有国企，但是国企分得更多。这一政策导致了大量挤出民间资本。天量信贷，更多低效率地分配给了体制内势力。后面一度风靡全国的"地王"等现象，就是体制内企业钱多漫出来的购买力。

最后，这一政策再次鼓励了地方政府的投资狂潮。

政府计划看似只有"四万亿"，却以乘数效应撬动了地方政府不知多少个"四万亿"，导致新一轮投资大潮。即使是林毅夫，也承认最后实际投资了 30 万亿。可以说，地方倍增的"四万亿"投资，才是中国"四万亿"的真正问题。面对金融危机，"四万亿"或许是必要的，但是地方的几十个"四万亿"却让人无所适从。中国地方政府债务情况，在"四万亿"之前，曾经一度有所收敛。随后，随着"四万亿"彻底走向恶化。根据中国国家审计署 2011 年的报告，地方债官方统计数据就高达 10.7 万亿元。

政府总负债保守估计也占中国 GDP 的 70%。进一步审视未来国有银行的坏账预期，其对于经济全局的影响也令人战栗。

"四万亿"使得中国经济"保八"成功，但代价不菲：不仅加剧了中国经济的失衡现象，而且加重了居民收入不均的情况，通胀间接掠夺了中下阶层财富。

我们现在的很多问题，比如常听到的房价过高、杠杆太高、货币超发等等，不少都是当年"四万亿"埋下的隐患。平衡利弊，应该怎么看？中国仍旧需要投资，但政府投资应该退位。以往投资中，由政府与国有经济为主的方式必须改变。如果能够以民间作为投资主体，将促成经济结构的真正转型。

经济的长远增长实力依赖于优秀的民间企业的竞争力与创

新力。实际上，未来出口与消费的进一步改观，也依赖于民间经济的活力。也正因此，稳民企，才是"稳经济"的长远之策。

那么，中央一个"四万亿"为什么变为很多地方的"四万亿"？为什么地方政府主导投资的惯性难以改变？

原因在于，官员也是理性人，其行为决策由制度激励所刺激。可以想象，在一个 GDP 考核指标之下，"预算软约束"无处不在。只要中央政府财政略有放松，体制内个体（无论是国有企业还是地方政府）就有可能突击项目，短期花钱。

这种情况下，企业道德风险、银行呆账等问题则有可能被置之身后。在这种自我运行效率的系统之中，能拉来项目的"父母官"或许才是称职的官员，无论对上还是对下。甚至，银行也是这样，当时放贷也成为竞赛，甚至政治正确。那时一个外资银行的经济学家去地方考察，一个银行行长指着竞争对手，也就是另外一家银行行长说，"我只要比他放得多，就可以了"。

因此，"四万亿"虽然一时好，但是后果不佳。早在 2011年就显现出了萧条的前奏，有不少企业倒闭。原因何在？真相或许在于，2008 年信贷狂潮之后，不得不走向货币紧缩，可以说矫枉过正。通俗来讲，就是钱印多了，自然导致了通货膨胀、资产泡沫等乱象，官方货币政策不得不从宽松转为紧缩。

当时的情况就是，官方利息一直维持负利率，这使得银行渠道信贷额度非常紧张，而很多企业为了活下去，又不得不借助各类银行渠道的贷款，于是各种融资工具应运而生。其结果，导致民间信贷四起，高利润自然伴随着高风险。时间一久，各地高利贷泡沫也开始幻灭。

无数民企即使能够熬过 2008 年的金融危机，却未必能挺得过 2010 年之后的经济严冬。

未来的情况，考验或许更大。惯性的力量如此强大，裹挟一切个体。经济发展亦有其路径依赖，中国经济一次又一次走上政府投资主导的路径，也是基于同样的原因。这就是制度的作用。

总结一下，关于"四万亿"的争论，我们要辩证地来看利与弊。推荐阅读刘海影的《中国巨债：经济奇迹的根源与未来》。

# ❼ L 形："权威人士" 定调下半场

> 如果官方目的在于定调经济预期，研判未来形势，那么这一次口径更为坦率，对于经济形势的严峻性也有了充分认识。

经济是关于预期的游戏，政府作用不可否认的确很大。美联储前主席伯南克在任期间曾偶然发现一个秘诀，那就是货币政策 98% 是靠说的，2% 才是靠做的。那么经济政策是否也是如此呢？的确应该如此。对于中国来说，以"权威人士"形式在其官方媒体《人民日报》公开谈论宏观经济，似乎也成为新流行趋势。

早几年，关于中国经济还能保持 8% 的增速言论很流行，但是官方基调其实很早就改了。2016 年 5 月，《人民日报》头版刊发了《开局首季问大势——权威人士谈当前中国经济》，不具名的"权威人士"以专访形式回应了关于中国经济的 12

个焦点问题。在《人民日报》历史上，政要撰稿、集体笔名曾经多次出现，而权威人士的出现也有较久远的记录，不过权威人士集中谈论经济则是新现象。此前两次均引发不少关注，分别是 2015 年 5 月发表的《五问中国经济》以及 2016 年 1 月发布的《七问供给侧结构性改革》。

权威人士的发声，海外也很重视，因为其关系着中国经济的逻辑与未来。那么，发言传递了哪些信息呢？首先，总体定调中国经济运行是 L 形的走势，而且这一趋势不会很短，"这个 L 形是一个阶段，不是一两年能过去的。今后几年，总需求低迷和产能过剩并存的格局难以出现根本的改变，经济增长不可能像以前那样，一旦回升就会持续上行并接连实现几年高增长"。

其次，对于金融风险问题给予了充分关注，一方面强调依靠过剩产能支撑的短期经济增长不可持续，另一方面强调高杠杆是"原罪"与金融高风险的源头，"在高杠杆背景下，汇市、股市、债市、楼市、银行信贷风险等都会上升，处理不好，小事会变成大事"。

最后，重申供给侧改革的重要性，呼吁供给侧结构性改革重归主线，要求全面落实"去产能、去库存、去杠杆、降成本、补短板"五大重点任务。

可以说，如果官方目的在于定调经济预期，研判未来形势，那么这一次口径更为坦率，对于经济形势的严峻性也有了充分认识，当时的资本市场也因此应声而跌。

虽然我总强调市场力量，但是不可否认，政府力量也是中国经济非常重要的一块。权威人士的表态，意味着中国经济定调，基准是做减法，放弃了过去"既要又要"的口吻，意味着未来宏观调控风向可能出现更多的权衡取舍，甚至可能会出现重大的变化。

"潜在经济增速"这个概念，意味着一个经济体可能达到的最好状态。这个概念有什么用？对于制定政策很有用。如果我们觉得一个经济体潜在增速和实际增速相差太大，那么也许可以采取刺激政策；但是反过来说，如果一个经济体潜在增速也在降低，那么刺激可能就不太起作用。从经济趋势而言，中国正走在一条什么道路上？我觉得答案是很明确的，阶梯下滑。不仅实际增速下滑，而且潜在增速也在下滑——这意味着，无论是否刺激，作用都不大。太大的刺激，甚至可能将中国推向大萧条。

前些年一直有关于增速是否会保持8%的讨论，近年来伴随着经济下滑，中国经济长期增速下滑已获得主流认可，甚至国内学者在2012年就表示经济将会是"耐克形复苏"。时间过去之后再看，如今关于中长期潜在增速将保持在5%到6%之间，是比较一致的共识，此刻官方表态也明确表示了降低长期增长预期，符合现实趋势。

进一步，潜在经济增长率，是表示经济体最大产品和劳务总量的增长率。而宏观经济自身具有周期性，所以实际情况往往只能接近潜在增速，多多少少会有些偏差——无论是短一些的库存周期还是中型的债务周期，抑或长期的人口房地产周期，都不同程度影响到这种偏差。从大家呼吁的结构性改革而言，可以解决中长期问题，但是宏观需求管理往往是针对短期问题的，当短期增速低于潜在经济增长速度时，应该出台更为灵活的财政政策以及货币政策。

然而，对于经济刺激甚至宏观调控，应该始终报以谨慎态度。深究中国经济诸多问题，其症结恰恰在于过去长期的扭曲，这并非短期需求可以解决，甚至过度反应的宏观政策往往会导致更大扭曲。这一案例从过去的"四万亿"政策，可以看出一些教训。

"全要素生产率"（TFP）这个概念，往往用来解释经济中的技术进步和创新。也就是说，这个概念某种程度代表了经济体发展的效率。根据经济学家伍晓鹰的研究，从1980年到2010年中国工业全要素生产率年增长率仅有0.5%，不仅远低于相似阶段的东亚经济体，而且金融危机后三年（也就是从2008年到2010年）放慢最多，总体工业TFP年增长率只有0.3%，堪称过去30年中最差的时刻。

　　中国经济问题看起来千头万绪，其实核心只有一个，就是过剩产能。过剩产能意味着什么？意味着生产产品的能力如果饱和，生产出来的产品将超出社会的需求。所谓金融风险以及债务危机，都是过剩产能的体现，而过剩产能在实业层面的体现又是各种僵尸企业，因此首要的改革任务其实是以市场化方式解决僵尸企业。

　　大家可能会问：未来的道路如何走？答案既简又难。正如经济学家吴敬琏接受采访时所言，"供给侧改革"应该分成两个词，一个叫"供给侧"，一个叫"结构性改革"，结构性改革的实质是改革。事实上，十八届三中全会公报强调在资源配置中市场要起决定性作用，已经点明实质。

　　回到伯南克，他所谓98%的"说"，也就是通过声明来重塑市场对未来政策变化的预期，他认为这一能力是美联储握有的最强大的工具。然而，美联储之所以能够和市场有效沟通，正在于其专业性、独立性以及透明性，这是宏观政策沟通中应该学习之处。然而，面面俱到的权威人士显然也留意到这点，在采访中强调稳预期的关键是稳政策，不搞"半夜鸡叫"。

　　总结一下，无论权威人士怎么说，更重要的是他背后的逻辑和信号，那就是，过惯了高速增长的日子，或许我们应该习惯降低预期。经济学家肯尼斯·E.鲍尔丁曾经说过："任何相信在有限世界里可以实现无穷无尽的指数型增长的，要么是疯子，要么是经济学家。"

推荐阅读韦森老师的《中国经济增长的真实逻辑》。他关于宏观的不少思考，经受了时间的考验。

# ❽ 新周期：想象的复苏

放言"新周期"，不过是过去呼吁"国家牛市"
的变体，把自己的愿望当作了现实。

在市场上，流行各种各样的概念和名词，很多不仅没有
用，甚至很可能有害。比如，"新周期"这个概念。我们知道，
经济有周期，也就是商业周期、景气循环。也可以说，经济运
行中，会出现周期性的经济扩张与经济紧缩。

那么，新周期在中国经济中，是什么情况？"新周期"这
个观点最热的时候是在 2017 年。在"某某经济学""新常态"
"L 形走势""灰犀牛"等词被市场人士用得烂俗之后，"新周
期"这一并不那么炫目的词语也开始登台，一度成为市场的
主要焦点。

当时围绕新周期，有一场辩论。我们现在来回顾这一辩
论，看看正反双方透露了什么信息。正方认为，中国即将进入

新周期的一派，以经济学家任泽平为代表，他认为中国经济走完增速换挡期"经济L形"，正站在"新周期"的起点上，其理由有三点：主要在于供给出清与需求复苏，外加新政治周期（如十九大）开启。与此同时，在各大券商报告中，来自反方的声音似乎更多。他们分析数据表示，从国企改革滞后，到全球周期下行等因素，都显示新周期并没有出现。比如招商证券就直接表示期望越大，失望越多。

多空双方，反复争论几个来回。根据关注要点不同，中国证券市场过去本来分为两派，周期派与流动性派；如今转眼之间，市场又分为两派，新周期派与反周期派。

券商依靠佣金生存，分析师发声必须引领资金才算是有话语权，因此证券市场或许是最好的检验场所。而随后股市的萎靡，实在难以印证所谓灿烂的前景。

那么，站在经济学的角度，应该如何看周期辩论？在当时，我就认为新周期从经济逻辑层面并不成立。

第一，先看所谓的供给出清，这事实上仍旧是传统行政管理之下的调节。市场最为关注的是"僵尸企业"。所谓僵尸企业，是指连年亏损、资不抵债的企业，往往通过银行信贷与体制补贴等因素而继续存活。可以说，市场一致认为，对待僵尸企业最好的方式是通过市场行为来出清。

然而，主流政策思路，并不是通过市场化方式处理，而是通过分配指标与文件等行政方式去产能。如此情况，在需求端不变的情况下，供给端减产带来供不应求。于是，当时也催生了黑色商品为代表的大宗商品价格上涨。基金经理李蓓就认为，行政性的供给干预不仅提高了中国钢铁产业的平均成本，而且降低了产业总体的国际竞争力。

057

从银行角度而言，也有难度。不仅难以直接退出僵尸企业，而且只得通过加大信贷以及债转股等方式与僵尸企业继续绑定。这有什么后果？这事实上是加大了银行尤其是国有银行的经营风险。我了解的情况是，债转股推动难度不小。即使四大行等国有银行，在面对强势国有企业的时候，也相当弱势。尤其，小股东在中国公司治理之中本来就毫无话语权。原有大股东，对于银行转型小股东的期望，无非是银行继续放贷。更进一步来说，银行对于相关行业本身往往也不如大股东了解，介入甚至改善经营并不现实。

如此情况之下，供应端改革主要指的是供应侧管理。意味着什么？那就是变为控制上游行业的产量，导致上游行业资源品价格上扬。于是，在供需错配的状况之下上扬，由此驱动了一个非典型的库存周期。曾经发表过《新供给主义宣言》的经济学家滕泰，和我聊起，也表示应该重启供给侧改革，而不能以供给侧管理代替供给侧改革。

第二，再看需求企稳，最直接的诱因背后的逻辑也相当清晰，仍旧是传统的需求端政策。主要体现为，财政赤字扩张、信贷放量，在基建与在房地产市场上的发力，并叠加外需的改善。

由此观察，中国经济在 2017 年一度企稳，更多是周期性的反弹而不是结构性改善，是传统的需求端政策与比较创新的供应端政策相结合导致的一个后果。

那么如何判断经济是否真的良性回暖呢？有一个靠谱的指标，那就是民间投资，主要就是民企的投资，不是你看到的那些创投。判断经济数据，是否有结构性改善，最重要的指标在于民间投资是否改善，看是否形成了正常的、由投资回报率来驱动的投资繁荣。

从数据来看，投资来源的结构变化则更值得注意。当时，新增投资大头是由基建投资、房地产投资与国企投资来支撑的，而不是由具有自发性动力的民间投资来支撑的。

微观层面，民间创业看似仍有余热，宏观层面的民间投资增速却在下滑。早在 2017 年，民间投资已经从高位下降到个位数了。"国进民退"成为近年的一个新景观。在经济没有重大波动以及外部冲击的情况下，这一趋势令人担忧。

第三，再来看看新周期最后的论断，即所谓新政治周期的开启。虽然政治因素在中国不可忽视，但经济发展也有自身的逻辑。从历史经验来看，如果没有经济结构改善，那么就不会诞生真正有价值的新周期。而如果经济结构要改善，短期之内必须承受改革剧痛，因此即使决策者有经济改革的动力与决心，其结果也不会直接体现在数据提升上。

也正因此，放言"新周期"，不过是过去呼吁"国家牛市"的变体，把自己的愿望当作了现实。其结果，很可能在短暂的高歌猛进之后，一切化为乌有。正如一个经济学家朋友的提问，中国看似在稳增长和金融去杠杆两条战线上取得了双丰收，但"鱼和熊掌"真的可以兼得吗？

答案未必。根据中国经济过去的经验，最大的危险是什么？其实，并不是新周期预言落空，而是新周期的预言实现。但这样的经济增长或者新周期，或许并不是经济的春天，也许只是体制内企业短暂的狂欢。最终经济逻辑仍旧会被验证。但付出的却是最昂贵的代价。

那么，中国经济还有希望吗？其实，即使中国步入中等收入陷阱，以中国坐拥全球第二的地位，只要不出现大偏差，不会有多差。如果结构改善，无论是否有新周期，都会有高于全球的平均增长率。对多数人而言，还会有极大的福利改善。经济回暖，应该作为调整与喘息的机会，而不是国企继续加大杠杆的激励。

很多时候，强行干预未必有好结果，还会把事情搞糟糕。因此，我们必须认清中国的高速增长期已经过去，再度谋求昔日繁华，无异于赌博，正如前人所言："若目今以为荣华不绝，不思后日，终非长策……此时若不早为后虑，临期只恐后悔无益了。"

再看新周期的时候，应该注意一点。当时外部环境还没有恶化，而现在已经变得糟糕。为什么要回顾这样一个错误的概念？因为类似的故事，隔两年就会上演，要擦亮眼睛。

喜欢谈周期的人，可能都知道一句话——人生就是一场康波。所谓康波周期，是来自俄国经济学家康德拉季耶夫的周期理论。据说，他十多岁就研究了资本主义下的经济行为，并发现经济波长超过了 50 年。后来，他发现，周期平均长度为53.3 年。第一个周期和工业革命有关，第二个周期是来自铁路业的繁荣，第三个周期则是从建造电厂开始的。

那么今天的康波如何？我们来看严肃的学者怎么说，韦森根据商业周期理论，发现 2008 年下半年以来这次世界性的经济衰退，主要原因是世界经济处于人类进入现代经济社会后的第四次康德拉季耶夫长周期的末端。他认为，从 20 世纪 50 年代中期到 21 世纪初，是由人类社会第三次工业革命发展拉动的，也即核能、航空和航天科技，以及计算机、IT 网络信息技术的拉动。一旦这股动力衰竭，就诞生了金融危机。

因此，如果没有突破性的技术增长动力，那么西方未来很可能就是"长萧条"。这种观点，欧美有很多的研究，我们以后再介绍。我们要记住，就算是有新技术，也未必能够带来新的周期变化。康德拉季耶夫就说过，技术要足够多，"如果我们想要得到关于技术发明的足够数量的观点，那么，按照设想，我们必须记住，技术发明的数量应足以点燃经济的繁荣之火"。

总结一下，我之所以讲新周期，是希望读者理解各种资本市场名词背后的逻辑，要学会辨别真假。从学术到现实，需要有坚实的支撑基础。你不能选择在什么周期内出生，但是你可以选择理解你所在的周期。轻浮的概念，只是一时的市场炒作，如果一次次迷信这样的概念，那么就注定会成为"韭菜"。

推荐一本关于经济周期的书，名字是《逃不开的经济周期》。

# ❾ 人口红利：从计划生育到刘易斯拐点

所谓刘易斯拐点，即劳动力从过剩向短缺的转折点，是指在工业化进程中，随着农村富余劳动力不断向非农产业转移，农村富余劳动力逐渐减少，最终达到瓶颈状态。

人口，其实也是一个长周期。人口趋势，一般情况下很难扭转。所以对于人口问题，不得不谨慎。

而我们恰恰在这方面走过弯路。在过去，大家都觉得中国贫穷就是因为人多，只有控制了生育才能换来中国的稳定繁荣，随后推行的计划生育政策据说减少了4亿人的降生。在很多描述中，中国甚至被认为为世界人口增长率的下降做出了"重要贡献"。

事实上，中国的繁荣并不维系于计划生育。中国的出生率，在20世纪60年代达到峰值之后，就一路下降。如今正在老去的中国，需要更多的孩子。

节育的思想源自欧洲，20世纪初传入中国，其主旨并非一味要求强制，在于从无节制生育中解放妇女。1950年年初，北京大学校长马寅初提议节育，但是他的忠告被束之高阁；新中国成立初期实行鼓励生育政策，直到1970年之后官方才开始实施计划生育政策，设立计划生育委员会，计划"到本世纪末，必须力争把人口控制在12亿以内"。

时至今日，中国人口情况究竟如何？同样充满争议。根据官方第六次人口普查结果，中国总人口为13.3972亿人，对比第五次人口普查结果，人口增长率为5.84%，年平均增长0.57%，已经属于世界较低水平。而根据联合国最新的《世界人口展望》报告，2025年中国人口将达到峰值14.41亿人，2050年时下降到13.92亿人，届时世界第一人口大国的地位将被印度取代——这一数据比起不少学界测算的乐观一些，但比起20世纪90年代16亿的官方估算低了不少。

人口因素，如果不是影响经济的唯一因素，至少也是最主要的因素之一，其动力学作用之大超出我们的想象，劳动人口比例、年轻人口比例、老龄人口比例、抚养比等因素，不仅直接影响当下经济，更可能进而影响政治、社会等各个领域。

在前工业时代，人口往往被视为负累。到现代经济时代，人口不再是负担，按照经济学家的研究，经济增长大体上由生产率、劳动参与率以及人口红利构成。这提供一个新的可能，如果辅以合理的制度安排，一个经济体可以突破资源的局限，人力正是其中最有价值的资本。所谓人力资本，往往也被叫作"非物质资本"，与"物质资本"相对，在经济学概念中，是体现在劳动者身上的资本。也就是说，它是资本，不是负担，这一点即使在过去以廉价劳动力著称的中国也不例外。

经济学家常常会谈到所谓的"人口红利"，这表示一个国家的人口中，第一，青壮年这样的适龄劳动人口占总人口比重较大；第二，抚养比较低，抚养比就是老人、小孩等非劳动年龄人口，对劳动年龄人口之比，越高代表劳动力人均承担的抚养人数就越多。

人口红利有什么好处？它为经济发展创造了有利的劳动力条件。我们知道，人口红利对于中国发展意义重大。就中国而言，20世纪60年代人口红利已经出现，但是一直没有发挥良好的作用，反而成为人口压力，错过了机会；直到改革开放释放出经济活力，使得中国广袤农村的劳动力有机会得到兑换，为中国赢得了"世界工厂"的地位。

这里涉及一个概念，刘易斯拐点。所谓刘易斯拐点，即劳动力从过剩向短缺的转折点，是指在工业化进程中，随着农村富余劳动力不断向非农产业转移，农村富余劳动力逐渐减少，最终达到瓶颈状态。不少研究指出，中国在2011年前后已经迈过了刘易斯拐点。

这意味着，伴随着人口峰值的预期降低，中国人口红利行将结束。按照学界普遍估算，中国的适龄劳动人口 2015 年已经步入了负增长，之后将进入与人口红利期相反的人口负债期。伴随着人口红利的消失，中国人口老龄化日趋严峻。第六次人口普查显示，中国 60 岁及以上人口占 13.26%，比 2000 年人口普查上升 2.93 个百分点，其中 65 岁及以上人口占 8.87%，比 2000 年人口普查上升 1.91 个百分点。

日本在红利消耗殆尽后，步入经济停滞期，养老也成为问题。日本往往被视为中国的前车之鉴，但对比日本的人均 GDP 和家庭财富积累，中国的未来似乎显得更加暗淡，看起来更像是未富先老，当前巨大的养老金缺口只是个开始。

与中国形成鲜明对比的，则是印度。在发展中国家中，印度是最早提出计划生育的国家。印度不仅在 1952 年就提出了计划生育，甚至其前总理甘地夫人曾经在 20 世纪 70 年代试图强硬推行，却导致其下台。此后印度的人口继续膨胀，曾经被视为"缺乏人口控制的典型"。

时移事往，伴随着印度的高生育率，人口变为印度的优势，印度迎来巨大的人口红利，而且或许将维持数十年。印度 15 至 64 岁的劳动年龄人口，从 2010 年的 7.8 亿持续增加，2030 年将可能超过 10 亿。

也正因此，不少人士断言中国印度的"龙象之争"已分胜负，原因就在于人口结构变化。根据摩根士丹利当时的研究，印度经济增速最快会在 2013 年超过中国，很大一个原因就在于印度的年轻劳动力数量倍增。他们测算，在中国的老年抚养比率或将由 2010 年的 39.1% 达到 2025 年的 45.8%，而届时印度将由 55.6% 下降至 47.2%。

我们前面说了，人口抚养比是考察人口红利的一个很好的参数。老年抚养比，更可以表示一个社会的老年化程度。随着老年抚养比的进一步提高，中国的老龄化令人担忧——当下无论是延长退休年龄还是动用劳动者公积金，恐怕届时都无法应对庞大的养老大军问题。

中国和印度的人口的根本区别，还是在于生育率。联合国的数据估算，每个印度妇女平均约生育 3 个孩子，而中国妇女则平均只有 1.7 个孩子——中国官方数据是 1.8，但是不少学者估计这一数字低于 1.5，远低于维持世代更替的 2.1 的门槛。

现在计划生育政策已经有了很大的改善。每一个生活中的个体，都天然是不自觉的经济学家。中国传统的养儿防老，就未尝不是一种理性的选择。在缺乏基本公共救助的旧社会，通过多生子女来赡养自身，虽然原始却有其效应，天然具有极强的经济合理性与分散风险性，也是中国人繁衍至今的根本原因之一。

从目前数据来看，除了极少数非洲国家，大部分国家都出现了生育率下降的情况。世界人口的增长率，在 1960—1965 年是 1.92%，在 2010—2015 年是 1.18%。从新加坡和我国台湾地区等经验来看，人口趋势一旦形成，往往很难掉头，届时政策对生育鼓励效果其实令人怀疑。换言之，即便中国现在放开二孩政策，在目前高额的抚养成本之下，对人口增长很可能也是回天乏力。

目前，有的地方走向另外一个极端，开始鼓励生育，这恐怕也是对于人口的误解。总结一下，人口周期，并不是看得见的手可以随意拨弄。对于人口红利，我们只能顺势而为，即使面对低生育率，也只能鼓励为主。这是基本规律。

推荐阅读《人口峭壁》，读了就知道为什么人口周期不能乱来了。

## ❿ 中美贸易纠纷：四十年未有之变局

中国经济下一阶段，进入新的十字路口，需要寻找新的动力。

在国际舞台上，最大的一件事，恐怕就是中美之间的贸易纠纷了。很有意思的是，在一两年的谈判及其解读中，对于这件事的理解，不少人存在偏差。

知己知彼，恐怕还是应对第一步。按照 2019 年的情况，美国先对中国 2000 亿美元出口产品的关税税率从 10% 提高到 25%，9 月起对 3000 亿美元产品征收 10% 的关税。很自然，中国也有相关反制措施。

这样来来往往的新闻，你可能也搞不清楚谁赢谁输了。我从经济学角度分析一下，关税对中国到底意味着多少，关税对于出口有影响，问题是影响有多大。国内不少研究机构都有研究，结果各有不同。比如清华大学马骏 2019 年接受采访的时候表示，其对中国 GDP 增速的负面影响在 0.3 个百分点左右，属可控范围。

海通证券宏观分析师姜超也指出，因为中国出口美国商品的利润率较低，假设提高的税率全部反映到产品价格上，再假设出口价格弹性为 1，那么中国对美国出口将额外减少 300 亿美元，占中国 2018 年出口总额 2.5 万亿美元的 1.2%。再根据学者在 2012 年的测算，中国出口增长和 GDP 增长之间的相关系数为 0.18。这意味着，对 2000 亿美元中国出口产品额外征收 15% 的关税，会导致中国 GDP 增速下降 0.22% 左右。

听起来上述判断大体类似，如果这样，好像也没啥可担心的。但是，我们看经济，除了看数据、看模型，更需要思考结论是怎么来的。我个人认为，上述结论偏于乐观。

为什么呢？测算结果，通过关键参数的设置，结论可能有很大不同。例如，不少研究指出，中国对美出口价格弹性接近 2，而不是姜超假设的 1。同时，出口减少对 GDP 的影响也不能简单地计算其相关系数。两个方面做出更加现实的假设，结论会比姜超更加悲观一些。

按照做出军事部署的原则，在战前，把困难估计得更全面才是更加稳妥的做法。就像中国古人说的，"知己知彼，百战不殆"，是之谓也。

我们应该思考，最核心的问题，出口意味着什么。数值之外，更重要的是，出口对于中国经济的结构性影响。

从海关数据来看，贸易纠纷初期，也就是2019年初期，中国对欧盟、东盟和日本等主要市场进出口均增长，欧盟为第一大贸易伙伴，美国只是第三大贸易伙伴。中美贸易总值为1.1万亿元，下降11.2%，占外贸总值的11.5%。不过，不能简单通过数据来看数据，而是应该结合经济情况加以解析。

首先，对美出口的重要性超过其表面数值。表面看起来，被加征关税的2000亿美元商品，对比中国庞大的出口总量，比例不算很高。根据中国海关总署发布的数据，中国2018年全年出口16.42万亿元人民币，其中对美出口3.16万亿元人民币，对美出口仅占全部出口的19.2%。

但是如果从贸易顺差角度看，中国对美国出口产生的顺差2018年为3244亿美元，占全部贸易顺差（3517亿美元）的92%。如果将事情简化，也可以说，中国通过整合其他国家的产业链，形成自己的出口结构，最终通过对美出口实现了贸易顺差。换言之，中国与其他国家的贸易往来，最终如果没有以美国作为最终市场，将难以实现顺差。

其次，更重要的是，对美出口行业，可以说是中国出口行业的领头羊。经济实证研究发现，发展中国家经济中，出口部门具有最快的全要素生产率提升速度，有人做过一个比喻，说发展中国家出口行业仿佛踏上一个自动扶梯，只要它维持出口，出口部门将会在国际竞争压力与动力之下取得"自动"
的全要素生产率提升。

显然，中国同样符合这一规律。事实上，出口部门对非
出口部门有明显的效率进步差距，中国加入 WTO 之后经济
上的腾飞表现，可以说为上述理论，补充了迄今为止最强有
力的证据。

以美国作为中国出口的最终市场，有利于中国庞大的产业
链整合全球要素。在技术可转移程度最高的行业中，为中国迅
速扩张的生产能力，找到了足够大的市场。可以说，为最大、
竞争最强的市场生产产品，构成了中国出口部门效率提升最快
速的子部分。

因此，从整体经济而言，出口的重要在于它带给中国经济
的，不仅仅是顺差与外汇，而是对于产业与技术的整体迭代升
级。也正因此，关税的效应，如果说在 2018 年只是初步体现，
在 2019 年之后，将会日渐明显。

留意一下身边就会发现，关税税率提高之后，企业的决策
效应会逐步体现。从草根调研的情况来看，之前加征 10% 的
关税，让不少企业动摇，但大多数仍旧维持观望态度，而如果
是 25% 的关税，那么足以让不少企业开始行动起来了。

举个例子吧。我在 2019 年见了一个朋友，她正在开拓外
贸企业外迁东南亚的业务。这块业务以前是空白，但是贸易纠

纷之后成为热点。从中小企业的角度而言，最关心的不是地缘政治，而是成本。在珠三角，一个人工成本 6000 元人民币，而柬埔寨人工成本大概在 1500 元人民币。对于一些大企业而言，开拓东南亚市场，除了低关税，当地市场也具有吸引力，比如 OPPO 等公司已经开始行动。对于出口类型企业，关税税率提升之后，国内的成本劣势就愈发明显了。

厘清数据的经济意义，在于战略和战术相结合，有利于为下一步政策，做出更全面的研判。

那么，我们如何应对？从大历史的角度审视，过去四十年，中国经济的增长主要来自三大支撑，即改革释放的制度红利，城镇化解放的人口红利，以及加入 WTO 带来的开放红利。可以说，没有最后一点，前两点也无从发挥。正确理解时代脉络，有助于厘清即将而来的变化。

反观当下，中国经济已经不是青春期，开始进入平稳成长的 L 形阶段。从 2019 年一季度宏观经济数据来看，一季度 GDP 同比增长 6.4%，CPI 同比上涨 1.8%。这引发了市场的讨论，此前新周期等名词已经进入时代尘埃，中国经济进入新常态的趋势明显。

以中国经济的庞大体量，自然存在不菲的腾挪空间。对于外部冲击，所谓经济的"韧性"，确实存在。然而这一空间也不能无限放大，家大也有家大的难处。这些年国企改革与地方债务等问题，已经让财政处于压力状态，未来经济下行，即使刺激，也难以达到过去的效果。

也正因此，对中国经济而言，应该怎么做？在变动之中，争取经济稳定而不是大幅激进的政策，才是未来的重点。对外而言，在美国之外，争取其他领域的出口显然是可能的方向。除此之外，加大开放步伐，以改革姿态面对逆全球化风潮，应该是未来要点。中国经济过去四十多年，走过无数波折，赢得了全球第二的地位，一两代人就改善了十多亿民众的生活。一个更自信的经济大国，对内对外的政策，无疑有充足的资本秉持理性的原则，并在前进中化解问题。

也正因此，中国经济的政策调整，应该有通盘的全局考虑。在传统智慧中，战略与外交在国际关系中更为重要，所谓"上兵伐谋，其次伐交，其次伐兵，其下攻城"。

中国经济下一阶段，进入新的十字路口，需要寻找新的动力。从增量的角度，新的出口方向与新的内需拉动，自然是题中之意。然而，该面对的问题还是应该面对，中美贸易纠纷引发的动荡与应对，最终将决定中国经济的下一个十年，或者说，一两代人未来的命运。

如何理解贸易战本身就决定了贸易战的走势。从这个意义上看，中美贸易战绝不仅仅是经济影响，也绝不仅仅是国际影响。放长视野来看，改革开放之后四十多年，中国经济一直在一条大致顺利的道路上狂飙猛进，其背后的实质，是产业升级与技术进步，而这两者都离不开以美国为主导的国际经贸秩序对中国事实上的友好与接纳态度。

说到底，四十多年来技术进步的最大源泉，来自中国产业链整合进国际经济合作网带来的技术转移，不论这种转移是通过外国直接投资、加工贸易，还是以市场换技术；其次，产业升级对内依赖急行军般的固定资产投资，对外依赖国际市场对中国产能的接纳与国际分工网络对中国产业的衔接。这一过程中，中国将人力成本以及其他成本极低的优势发挥到极致，整合了整个东南亚同一产业网中的所有国家，顺利成为世界工厂。

对美国而言，这一过程符合比较优势原则，美国经济本身也从中获益匪浅——前提是，中国经济模式不会影响到美国经济的运作机制，中国在地缘政治战略方面不会成为美国的对手，否则，再大的经济利益都不足以说服美国（以及西方整体）"滋养"潜在的敌人。不幸的是，美国强硬派得出了相反的结论，不再认可中国以目前这种方式运行全球经贸关系对美国是利大于弊。这一判断，真正说明了美国对中国态度何以总是出乎意料的强硬。不得不说，这是中国改革开放四十多年来最大的变局，也是最大的挑战。

总结一下，在误解与理念之外，中美确实存在实质的利益冲突。可以说，双方目标差距如此大，不仅仅是野心问题，而是所理解的秩序并不一致，贸易谈判更多是一次接触。这是最大的基本面，决定了未来走势。关于贸易保护，我们需要知己知彼。推荐阅读一本关于美国贸易的书《贸易的冲突：美国贸易政策 200 年》。

## ⓫ 中国第一：从购买力平价到修昔底德陷阱

目前，中国崛起的影响力主要体现在经济方面，

而在军事、政治、文化等领域仍旧存在提升空间。

中国经济是否能成为世界第一？不要觉得奇怪，好几位严肃的经济学家，都曾一本正经地预测 2020 年中国会超过美国。这总提醒我，除了专业，常识是多么重要。

我想不少人应该都听过一句话，"19 世纪是英国的，20 世纪是美国的，21 世纪是中国的"。这句话被不少人津津乐道。那么，"世界第一经济体"的头衔，什么时候能够真正得来呢？

2011 年，中国超越日本成为全球第二大经济体前后，大家对于中国什么时候超过美国就表现得很兴奋。外国人比中国人还着急，高盛什么的都参与进来了。而且，中国赶超美国的时间点已经被多次预言，赶超的时间也总在向前位移动——到了 2020 年，按一些预测，中国应该超越美国几次了。在 2014

年，世界银行的一份报告也这样说。这份报告宣称，就经济规模而言，中国可能在 2014 年超过美国成为全球最大经济体。

"中国第一"的到来，是否指日可待呢？这对中美两国与世界又意味着什么呢？《金融时报》两位重量级评论员，有一场讨论。一位是首席经济评论员马丁·沃尔夫，一位是当时的亚洲版主编戴维·皮林，两人也分别给出了两种意见。他们各自观点不同，但结论有一致性。他们都倾向于认为，中国即使成为全球最大经济体，也并不意味着中国已是世界头号经济强国，美国的霸权仍会持续多年。

抛开宏大叙事，回到技术细节。我们来看看，世界银行的这一研究可信度有多大？关于经济，可不要一看到权威机构就不思考了，看到数据就觉得靠谱，很多东西，得想想结论是怎么出来的。

这一报告，基于国际比较计划（ICP）提供的购买力平价数据。因此，要理解它，首先要了解一个概念。我们比较不同国家经济的时候，各国货币不同，市场汇率不同，怎么比？这就是要根据购买力平价（PPP）理论，也就是根据在不同国家，购买相同的货物和服务所需要花费的各国货币数量，来测算货币的购买力。这就是购买力平价这一理论朴素的直觉的基础。

也就是说，同样的东西在不同的国家应该卖同样的价格。

这样通过比较不同国家以不同货币计价的一篮子商品价格，可以推算出货币之间的购买力比例。购买力平价，这一理念经过精细化之后，其结果之一就是前面说的"国际比较计划"。从20世纪60年代至今，ICP已经运行了接近50年，当初的朴素想法早已演变成耗资巨大的、涉及无数智力的国际联合项目，上次数据更新是2005年。

这个比较的前提，不是按照我们熟悉的市场汇率来核算的。也就是说，对人民币购买力的不同评估，决定了其结论的不同。

细读这份报告，人民币购买力被评估为1美元约等于3.506元人民币，几乎是两倍于人民币当时市场汇率，也就是我们都在用的汇率。二者相差如此之大，按照两者来计量的中美经济规模，自然一个在天，一个在地：按照较低的标准，也就是市场汇率，中国经济规模不足美国的60%；按照较高的标准（购买力平价），中国已经超越了美国。

如果认可世界银行的购买力评估，那么不仅中国经济规模超越了美国，而且中国的人民币也被极大低估；如果认可市场汇率，那么中国对美国的追赶仍然其路漫漫。结合实际情况来看，结论很明显。中国官方对当时世界银行的结论也并不认可。

哪一种评估更接近人民币的真实价值呢，是市场汇率还是购买力平价？还是要相信市场，尤其 2014 年的时候，市场汇率很可能已经接近人民币的真实汇率。

更进一步，以购买力平价理论来度量人民币，是否合理呢？未必合适。学界不少研究也显示，购买力平价对于人民币而言，并非完美的度量值。如易纲和范敏早在 1997 年就指出，用购买力平价来分析发展中国家时，要有修正。

常识告诉我们，理论如果落地，难免面临各种局限。购买力平价的局限，业界讨论也不少，最关键的问题有两个。

首先，平价理论要求比较同样商品的价格，但各国发展状况不同，注定物品难以完全对应，例如津巴布韦餐桌上的稀粥，并不等于美国人的燕麦片。而像《舌尖上的中国》所展示的各类民间美食，也难以对应西方的米其林，即使二者或许效用一致，但价格、重要性等不可类比。

其次，如何处理这些不同的权重？当专家们千辛万苦收集了上万种商品的价格之后，他们却难以对它们进行加总。一般来说，可以按照一个典型家庭在不同商品上的开支，来计算商品价格加总的权重。这个时候，前面说的，国别差异的问题再度出现。例如美国与中国的消费支出结构完全不一样，是应该按照美国还是中国的支出结构来加总呢？

对于这类问题，技术专家自然有各类处理方法，从支出法到生产法的各类方法也在引入。但是这样的结果，自然是不同的标准导致结论的差异。一句话，购买力平价的估算总是会随着加总与计算方法的不同，结果呈现巨大的波动。甚至，数据结论从百分之几十到以倍数计算。

真实世界的经济学，往往不如黑板经济学那么完美，而是更复杂。在这种情况下，基于人民币购买力平价的一切结论都只能予以审慎对待，就像本次"中国第一"的头衔，其含金量显然不足。

中国经济正在迈向世界巅峰，但是登顶不在此刻。目前，中国崛起的影响力主要体现在经济方面，而在军事、政治、文化等领域仍旧存在提升空间。即使仅就经济而言，中国也难言乐观，随着未来中国潜在增速下滑到5%甚至更低，中美二者差距缩小的速度有可能大幅收窄。中国最终超越美国的那一天，其实难以预言——对比日本，就可以明了。日本在20世纪80年代风光无限，"日本第一"的口号激荡世界，但其泡沫经济模式无法延续，其冲击第一的征途最终还是折戟沉沙。

有人可能说，中国与日本不同，无论经济体量还是发展模式，这是自然的。日本当年只是经济强国，中国是综合大国。然而，大国崛起往往意味着帝国权力的交接，这使得问题可能更加复杂。现在不是就开始流行"修昔底德陷阱"理论了吗？

这是一位美国学者格雷厄姆·艾利森的理论，大概是说，一个新崛起的大国，必然要挑战现存大国，而现存大国，也必然会回应这种威胁，战争就变得不可避免。这就是"修昔底德陷阱"，这个词有点绕口，来自雅典和斯巴达的战争。放在今天，说的主要就是中国和美国的竞争关系。

我觉得我们不应该仅仅从国家竞争角度来看，而应该换一个角度。有句老话叫，欲戴王冠必承其重，实力的提升背后，也意味着责任提升。别的国家一样，中国也是。"中国第一"的报告出来时，我当时就想：中国做好准备了吗？有个读者朋友回复：世界准备好了吗？2014 年的时候，对于"世界第一"，国内更多还是低调地处理，五六年过去了，国内心态与外围环境都发生了变化。如此看起来，这些年浮上水面的贸易摩擦之类，绝不是偶然。

081

总结一下，中国的经济崛起，自然会改变世界。对于这一崛起的反应，讨论也将成为其崛起的一部分，而目前两极化的讨论也显示出双方的认知差距，中国对世界的改变，尤其是经济之外的改变，其重要性仍旧需要更多的关注。

谈到修昔底德陷阱，就推荐一本《注定一战：中美能避免修昔底德陷阱吗?》。这本书中，不仅谈冲突，还给了避免冲突的方法，比如为中美如何避免发生战争冲突提供了 12 个方法。

## ⑫ 新常态：走出 GDP 迷思

一个多元化的世界，本身就意味着对于经济低增长的高容忍度。

有朋友曾经这样问我："现在西方预测中国 GDP 将成为世界第一，这种捧杀是否类似当年我们邻国日本的遭遇，从世界第二的位置跌落到收获失落的十年？"我并不是第一次听到类似提问。当时学者刘擎也在，他反问说：中国为什么要当第一？一方面，他表示自己相信中国会以和平方式崛起；另一方面，他指出西方的焦虑来自如果中国主宰世界，关于那个"新"世界的规则以及信息的不明确。

从这个对话，我们需要厘清一个概念，人均 GDP 和 GDP 的概念。GDP 不是不重要，但是从增长角度讲，人均 GDP 的持续增长才有意义。对于经济学而言，唯有长期的人均收入代表了增长，这一概念才是能够衡量真实增长的标尺，正如经济学家道格拉斯·诺思所言："说到经济增长，我们提出人均收入的长期增长。真正的经济增长意味着社会总收入必然比人口增长得更快。另一方面，停滞状态则导致人均收入的非持续的增长，虽然平均收入在时间相当长的周期中可能有升有降。"

目前来看，中国人均收入大概是美国的五分之一，有些东西却比美国还贵，当然美国中产的生活，现金也是紧巴巴的。所以从收入角度，真的不能简单说谁更富裕。

如果不仅仅看中美，而是站在东方和西方对比的角度来看，会有不一样的视角。根据学者莫里斯的研究，如果以能量获取、社会组织、战争能力、信息技术为基础的社会发展指数来看，西方世界的核心区域一直在变化，从两河流域到地中海再到西欧、美国，而东方世界的核心区域除了1900年是在日本之外，大部分时间是在中国的黄河和长江流域。以社会发展指数衡量，中国在公元500年后曾经领先西方超过1000年，他认为"西方领先"既不是长期注定也不是短期偶然。这种比较，一方面可以使得国人抛弃"中国中心"的执着，另一方面也可以在印证之中再度定位，重建自信。

回顾历史是为了关照现实，套用那句名言"笨蛋，重要的是经济"，但只有真正的笨蛋才相信重要的只有经济。从经济角度看，我认为中国晚近以来的经济状况并不算退步，只是相对落后，当西欧通过工业革命以及制度变革步入工业时代之际，中国延续以往的路径，仍旧陷于传统农业增长路径的马尔萨斯陷阱之中。

经济实力的上升往往带来影响力的提升。但要注意，二者往往并非同步。最近四十多年的中国经济增长不可避免使得国人寻求经济之外的存在感。但放在历史比较之中，或许更能明了中国经济奇迹，或者中国模式的本质是什么。从数据来看，中国经济停滞到什么程度？直到 1980 年的中国人均收入，只是略好于雨果小说《悲惨世界》中所展示的当时法国的状况。正是在这样的基础之上，改革开放释放的制度红利，使得人口红利可以在市场经济之下得以发挥，令四十多年的高速增长成为可能。"后发优势"能够发挥作用的前提正在于起点过低。

长期来看，我们都会死，这也注定理性人很难不关注短期。从五年前，种种迹象显示中国经济将进入中速增长阶段，开始获得更多的共识，官方也不再追求"保八"，甚至不止一次提及"新常态"的表述。新常态（New Normal）原本是太平洋投资管理公司在 2008 年金融危机之后创出的新名词，普遍表示宏观经济从繁荣—衰退周期到正常的恢复过程。

外界对官方的经济表态有颇多解读，但定义显然也在明确之中，中国新常态的背后对应的是昔日超常增长告一段落。根据 FT 中文网的报道，中国越来越多的地方，不再把 GDP 作为考核政府官员的一项标准，以便将主要精力转向环境保护及减少贫困。

时代在变，人们的诉求也在变化，比如复杂的社会生活水准，是否应该以一个简单指标衡量？GDP 争议不仅存在于中国，也是一个世界话题。数字的优点是简单明了，但数字也只是数字，当经济增长日益与民众生活幸福感受背离之际，官方也在逐渐改善甚至放弃以往的 GDP 考核模式。虽然单纯放弃某一个考核指标并不会立即改变经济的运行机制，但这仍旧是往正确方向迈出的有意义的一步。

最终，我们需要走出 GDP 崇拜。"您谈到中美经济的追赶，无论 GDP 总量还是人均 GDP，问题是 GDP 有那么重要吗？"几年前，出席一次活动的时候，一位"90 后"女孩这样问我。

我常常想起这个问题，我觉得这是一个好问题。伴随着中国经济的转型，越来越多的人放弃了 GDP 崇拜，尤其是年轻一代的"80 后"与"90 后"，甚至"95 后"，对于发展的理解显然与父辈不同，也更为深化、多元。站在 21 世纪的文明新纪元，"落后就要挨打"的叙事方式正在被重构——值得一提的是，无论鸦片战争还是甲午战争期间，当时清朝 GDP 总量都高于对手，结果却是中国近代屈辱的开始。

如果中国人均 GDP 成不了世界第一，就有那么差劲吗？这并不影响中国民众享受更稳定的经济福利、更稳定的法治环境。

总结一下，一个多元化的世界，本身就意味着对于经济低增长的高容忍度。而东西文明最终的关系，或许是共生互补，而非你死我活。

推荐阅读莫里斯的《文明的度量》，也许读了这本书，你对于东西方的差距，会有更直观的认识。

本章，我们从"四万亿"开始，谈到中国城市化等动力，再到中美竞争，最后回到东西文明视角，希望读者能够立体审视宏观的变迁。

FUTURE ECONOMIC 30 KEY WORDS

# 金融市场

## 维持刀锋上的平衡

第三章

## ⑬ 钱荒：市场的"九级地震"

银行业是金融系统最为重要的一环，也是其中最
脆弱的一环。它的天然不稳定性往往会招致宏观经济
层面的巨大波动。

在现代经济，金融可以说无孔不入。相应地，可以说金融
危机是个现代病。20 世纪 90 年代初，邓小平曾表示："金融很
重要，是现代经济的核心。金融搞好了，一着棋活，全盘皆
活。"如今，金融地位有过之而无不及，其改革成败事关中国
经济结构转型，不可不做，不可不慎。难点何在？路径如何？
影响几何？这是本章我重点讲述的内容。

我谈的事件，其实都是关键节点。因为只有节点，才会影
响大局，而节点未必是人人都关注的事件。能够识别节点，本
身就是格局感的体现。上一章我们从"四万亿"开始，这一
章，我想从 2013 年钱荒开始。

2013 年发生了什么？2013 年 6 月 25 日，是个黑色星期一，当天上证指数一度暴跌到 1900 点之下。这里就不得不提到银行间市场，指银行交易为主的市场，由同业拆借市场、票据市场、债券市场、外汇市场、黄金市场等构成。虽然一般散户不知道，但是银行间市场对市场影响很大，可以调节货币流通、货币供应量。在 6 月，银行间市场资金一下子变得紧张，突然很缺钱，不仅小银行缺钱，大银行也缺钱，隔夜利率最高达到 13.44%。隔夜利率就是银行借给别的银行钱收取的利息率，而这个数字一般是 2% 到 3%。

所谓钱荒，就是市场上的钱不够了，大家都在拼命抢。流动性，成为市场最大的担忧。从这里开始，出现了大热的"钱荒"一词。现在回顾这段黯淡的资本市场时光，或许真正接近"雷曼时刻"的日子应该记为 6 月 20 日的债市危机，而不是 6 月 25 日的 A 股暴跌，因为后者不过是前者的余震而已。回忆钱荒这几天，可以说大家都心惊胆战，甚至经济学家高善文称之为"债券市场九级地震"。事后，我和不少金融界朋友聊起，大家都心有余悸。

首先，你可能会问：中国为什么出现钱荒？按道理，中国经济基本面不会一夜之间变脸。银行间市场，为什么出现极度的资金饥渴？过去在长期流动性泛滥之下，也就是人们总说的钱太多、发毛了，怎么会突然出现钱荒，令人深思。看起来不合理，其实逻辑很简单。原因在于，银行有管理短期流动性的天然需求，而中国的低利率环境更放大了这一需求。市场对资金始终存在着强大需求，也就是说钱荒始终存在，无非大小而已。但是这一次，有点玩大了。

中国央行算得上是全球最大的央行，在事情最开始的几天并未采取行动。全球最大央行，冷眼旁观全球资金最为雄厚的中国银行业迈入钱荒行列，看起来不合理，它这么做的道理在哪里？这一事件，揭示了什么现象？

要理解这一现象，就需要理解央行的两难处境，它既要维护银行安全又要防止银行把所有风险向央行推卸。央行和一般工行、建行这些商业银行不同，央行是银行的银行，作为流动性的最终提供商，一旦货币市场出现流动性异常，必须出面平抑，以避免货币市场进一步自我循环式的冻结，进而引发金融市场的整体失序。也正因此，我一直强调面对钱荒这样的极端情况，央行应该有所行动，遵循"白芝浩原则"为市场提供紧急流行性。

白芝浩是 100 多年前英国财经杂志《经济学人》的主编，被称为最伟大的编辑。白芝浩原则是什么？在恐慌期间央行应该对有需求的银行提供充分的、高利率水平的流动性。这是他为英国央行确立的原则，到今天还适用。

央行有一个重要角色，那就是作为"最后贷款人"的功能：流动性紧张时需要注入流动性，流动性旺盛时需要收紧流动性，这是央行的分内之事。一个平稳、正常的银行间市场，是银行执行其金融信贷功能的前提。

钱荒情况下，央行应该及时出手，但2013年钱荒中并没有马上出手，直到漫长的四天之后，在A股市场近乎崩盘的紧张气氛中，央行才最终出手，向一些符合宏观审慎要求的金融机构提供了流动性支持，而且安抚货币市场利率回稳，"随着时点性和情绪性因素的消除，预计利率波动和流动性紧张状况将逐步缓解"。最终从上海银行间同业拆放利率（Shibor）走势来看，紧张情势的确得到了缓和。

这样一来，债市平安渡过了这场"九级地震"，但其实还是有风险的。在这一过程中，存在从流动性危机，也就是缺钱，变为清偿性危机的可能，也就是说机构有可能破产。事后，对央行的举措与态度，有很多分析，有人认为是压力测试，预防金融危机；也有人认为是教训"坏孩子"，就是指那些不听话的商业银行、信托公司等。甚至不乏国人习惯性地从政治角度加以解读。

经济学告诉我们，不猜测动机，但是要观察结果。金融市场自身有其逻辑与规律，当时情况不可谓不凶险危急，也充分暴露了中国臃肿金融体系的脆弱。货币不是用来玩的，一着不慎，固然让"坏孩子"们受罚，更有可能因走火而酿为金融危机。

从历史上的金融危机来看，金融危机往往是一个自我实现的过程。其间伴随着狂热、泡沫、恐慌、雪崩的几重变奏。某些对于 2008 年全球金融危机的研究就表明，金融危机的扩散根源不仅在于贸易等实际因素，更多还源于恐慌的自我实现。也正因此，钱荒之后，央行终于改变态度，出手为市场提供流动性，与其批评为"放水"，不如称许为"救火"。

救市不仅仅是救银行或者交易员，而是救大家。货币市场与债券市场都是金融体系的有机组成部分，其有效运作对于经济稳定至关重要。在利率没有市场化的情况之下，银行间市场必然充满各种诱人机会——这一点，利率和大部分商品并没有本质区别，如不彻底市场化，必然存在各类黑市买卖与套利交易。一度，债市的红火行情，曾经让不少人眼红，但钱荒一出，多少债券交易者哭天抢地，又让不少人变得幸灾乐祸。事实上，即使存在灰色交易或者监管套利，受到指责的应该是制度设计者，而不是套利双方。

回头来看，高层也看到了中国经济的问题，对投资过度、产能过剩、影子银行等诸多弊端多次加以强调和警告。所以说，改革是必需的，也不得不付出代价。

银行业是金融系统最为重要的·环，也是其中最脆弱的一环。它的天然不稳定性往往会招致宏观经济层面的巨大波动。银行业的外部性远远大于别的行业，一旦银行业出现问题，每个人都不得不承担巨大的显性或隐性成本，无人可以置身事外。也正因此，如果不能维持银行间市场的稳定，进而波及银行业的信用体系，其后果必然是严酷的。

一旦爆发金融危机，银行体系的损失首当其冲，危机救赎成本往往与银行业规模关系紧密。以日本为例，20 世纪 90 年代日本银行倒闭带来的损失不得不全部由纳税人承担，损失总额超过当年 GDP 的四分之一。中国银行业规模庞大，犹如 80 年代的日本银行，不少银行更是跻身世界前列。按照经济学家刘利刚的估算，2013 年中国银行资产占 GDP 的比重超过 250%，在当时或许已经是银行资产占 GDP 比例最高的国家了。

这意味着什么？一旦中国发生金融危机，其损失可能是史无前例的。回到开始的问题，中国离金融危机有多远呢？可能令很多人自豪的是，中国从未爆发过金融危机。这看起来很好，但是也有问题。这可能的结果就是，我们处理金融危机的经验可能不那么丰富。这就像森林灭火，如果一直有小火灾，其实对森林没有多大伤害。但是如果一直没有发生过小火灾，往往一出现，就是大火灾。金融危机看起来似乎离我们很远，但是并不是没有靠近过我们。

回顾历史，中国经济在亚洲金融危机后，依赖铁血改革幸免于难；2008 年金融危机中，又依赖投资一枝独秀。但要记住，金融危机确是现代经济的状态之一，很难说任何一个经济体对金融危机完全免疫。

钱荒的股市，暴露出我们对于金融危机的应对缺乏经验。2013 年 6 月的钱荒，或许是中国人最接近金融危机的一次事件，称之为中国的"雷曼时刻"并不为过。这一事件注定将进入中国金融史，其中机构从业者、监管者、市场、公众等各方，各自扮演了什么角色、功过几分，短期评价和长期评价未必一致，仍旧有待后人评说。

总结一下，关于白芝浩原则，简单来说就是央行在危机期间必须有所作为。推荐看一本经典好书《伦巴第街》。

## ⑭ 股灾：国家牛市的终结

> 跌市总有止步，当前不救市虽然有短期疼痛，但
> 是总好过托市无果或者吹大泡沫，拯救市场信用才是
> 真正的救市。

市场对于一般人来说，太抽象，但是提起股市，很多人就能够理解了。就算是你不炒股，股市的变化也影响到你了，比如 2015 年的股灾。

对于中国股民而言，中国股市如同一艘大船，形态却可以在数周之内变脸。你还记得吗？2015 年上半年疯狂上涨之际，股市如同 2012 末日的财富方舟，一票难求，不少人更是不惜借钱炒股。甚至说，下半辈子的财务自由就靠它了。进入 6 月，股市连续三周大幅下跌，上证指数从最高 5178 点一路下跌到 3000 多点，一下子就进入了熊市。此刻的股市又犹如沉没前的泰坦尼克号，人人夺路而逃，踩踏之下，关于救市大讨

论也日益激烈。

股市下跌之日，即使每个休市的周末也充满刺激。不仅金融街灯火不休，新兴的社交媒体也助长了全体投资者的集体焦灼。救市的舞台上，已经有好几位主角轮流亮相——中国央行取消贷存比、下调利率、定向降准，接连验证无效之后，中国证监会紧急出台措施，降低交易费，21 家证券公司与 25 家公募基金公司也以集体增持的态度力挺。更高级别的救市策略也在讨论之中，例如国务院临时会议决定暂停 IPO 发行，央行再度出手，给予中国证券金融公司未言明限额的流动性支持。

其实，即使到现在，披露出来的救市策略，也只是冰山一角，很多幕后运作，一般人不太清楚，也许只能等历史学家来整理了。总结起来一句话，救市用了很多方法。你可能会问：大家都相信自负盈亏，为什么要救市场？

信奉自由市场的芝加哥经济学派有句名言，"复杂的问题有简单答案"，而真实世界中，复杂问题往往没有简单的答案。在上一轮牛市之后，中国市场也不乏救市与否的大讨论。当时还担任《财经》杂志主编的胡舒立，曾经在 2008 年大呼何必讳言"不救市"，虽然有刘纪鹏等经济学家撰文反驳，但从当时主流意见以及市场走势来看，支持"不救市"成为主流。

不过，看经济不能食古不化，需要分清楚每一次的区别。

2015 年这一次股灾，有什么不一样？与上一次不救市的理由是否一样？实际状况是，情况远比上次复杂。

上一次股市还没有如此规模的融资资金介入，也就是借钱炒股。而 2015 年，杠杆推动的泡沫，则使得去杠杆问题分外严重。市场人士估算，证券公司约涉及 2 万亿元的融资融券资金，银行资金规模约为 1 万亿元，信托公司受托业务超过 1 万亿元。考虑当下诸多明里暗里的融资配资额度，再加上银行系统通过各种渠道流入股市的资金。我当时就说，保守估计当前市场有十分之一到五分之一的资金涉及杠杆。如果任由市场下跌，很多人就要被迫平仓，层层止损盘、强平盘涌出，更低点位，将无可避免。

政府出手的终极效果如何？这是关键。到底是逆转了泡沫崩溃？还只是延缓了泡沫的趋势？甚或会酝酿出更多泡沫？简单的行政手段与政策喊话肯定不起作用，真正能够托市的手段只有真金白银的资金入市，而如果这样的话，显然意味着进一步加大杠杆，其后果不言而喻。纵然股市目前已经绑架了部分金融机构，但继续加大杠杆出手，可能导致全局经济被绑架。政府出手托市，可能不得不动用千亿甚至万亿级别的平准基金，如此不仅沦为为杠杆资金接盘，也可能酝酿出更大泡沫，使得中国股市继续加杠杆。

权衡之下，跌市总有止步，当前不救市虽然有短期疼痛，但是总好过托市无果或者吹大泡沫，拯救市场信用才是真正的救市。

不过现实比分析更有力。纵然强势救市会造成更大的问题，但是中国政府在压力之下恐怕还是会继续出手，只是力度强弱不同、立意高下有别而已。如果出手，那么应该果断坚决，重拾市场信心。

事后看起来，这一判断几乎就是股灾后半场的演习。这无疑是一场严重的股灾，不仅居民财富受损，对金融机构、银行系统都会造成较大的冲击。如此情况之下，以极端主义的自由市场原则作为指引，难以服众。

市场经济，是过去中国经济四十多年道路的最大公约数。即使官方文件，也讲要处理好政府和市场的关系，使市场在资源配置中起决定性作用。这是重点，我们学经济学，更应该懂得经济学在不同情境下的运用。朴素的市场共识，在于政府管得越少越好。不过，经济学的一些常识应该放置在具体的中国语境之下，简单以救市与否作为是否坚持市场经济的标准，并无助于解决甚至解释当下现实问题。

也正因此，我们应该重新修正对于金融系统的认知。资本市场进化之后，无论投资者还是监管者，精英抑或大众，观念也需要更新。市场，尤其是金融市场，天然充满不稳定性，而透明的市场规则以及明智的监管措施、理性的投资者固然可以降低这种波动性，但是每隔一段时间，股市仍会不可避免地大幅波动——对比近些年国际市场变化，可以得知这并非中国特色。

回到2015年的中国，救市与否不是简单的意识形态问题，更核心的问题还在于，当时中国股市是否到了非救不可的境地。按照不少市场内外专业人士的看法，救市非常必要，理由在于股市已经绑架了券商与银行，涉及万亿资金，形成金融危机的风险越来越大。

应该说，自2014年下半年以来，包括持续的货币宽松、"互联网+"等政策预期，直接导致了市场对大牛市预期的过度乐观。当然，这种情绪的反应，对于已持续遭受七年熊市煎熬的股民、投资机构、券商来说，是可以理解的，他们对牛市都可谓望眼欲穿。更不用说，对那些在上一轮牛市的尾声中不幸接盘、损失惨重的散户来说，七年的疗伤后等来的这一轮牛市，意义只会更甚。所以说，"国家牛市"的呼声，实际上体现了各市场主体的一种主观愿望。而这种单纯依凭主观愿望进行的判断，很可能有违客观现实。

现实已经给出足够多信息，任何危机都不应该被白白浪费。目前为止，这轮暴跌有什么教训可以汲取？

首先，大家知道，中国证券市场比起过去体量变大。但大不等于强，市场的很多制度建设，并未完成。无论投资者还是监管者，可能都缺乏长线思维。监管层希望慢牛，民间希望疯牛。中国证券交易市场，从 20 世纪 90 年代初步成型，二十多年来市值上涨成千上万倍，上市公司扩容多倍，潮头人物也早已经物是人非。这中间，唯一不变的主旋律之一，就是救市和不救市的变奏。更令人吃惊的是，关于"外资做空"以及"股指保卫战"等说辞，二十多年来一如既往，令人唏嘘。

其次，本次救市大讨论以及诸多措施，几乎等于一次经济危机的预演。就某个角度而言，任何经济危机的本质必然是金融危机，而中国股市与中国经济的核心症结可谓神似。是什么呢？那就是，中国经济要解决短痛，就必须加杠杆，如果去杠杆，就会加剧短期痛苦。对于股市而言，机制也是一样。如果要止住下跌，就得继续注资加杠杆，这注定导致更大的扭曲；如果放任股市下跌，那么股市减杠杆带来的冲击必然带来资本市场的无序践踏，其风险甚至可能外溢到整个金融体系。

再次，天下没有免费的午餐。任何决策都是两害相权取其轻。此前国家牛市等概念，期待将杠杆从政府企业转移到居民，这次暴跌已经证伪了这一幻想。更进一步，从 5000 点开始降杠杆，总好过未来的更高点位的跳水，即使目前不救市必然导致一场资本风暴。这一次风波，再一次揭示，人性的贪婪如果与监管的失当结合，必然导致泡沫的膨胀与破灭。

如果希望这次危机不被浪费，那么我们更应该检讨金融系统的脆弱性。在诸多讨论之中也凸显了专业讨论的稀缺，历史多次证明，禁止谈论以及禁止做空无法避免灾难后果，如果没有透明专业的公共讨论，也无法避免诸多小道消息与信号噪声，这应成为这场股市风波的教训之一。

最后，要记住，就算是政策市，市场先生最终也会现身发言。投资者不能指望只参与政策红利而规避政策风险。诸多吹捧国家牛市以及改革牛市的鼓手，固然受到谴责，但是诸多一厢情愿轻信而重仓追高的投资者，何尝不应该反思。狂热之际，轻信与盲目从来都是投资者的最大敌人——股市正酣之际，投资者对国家牛市心醉神迷。当时，我就曾警示这种"赚到钱的愚蠢"。

总结一下，新闻业，对于真相有一句术语，说的是"如果妈妈说爱你，请核实"。套用在当下，对于投资业人士甚至任何负责任的公民而言，教训可能就是，不能一味地依靠政策。

推荐阅读《中国证券市场批判》，学者袁剑所写，是本经典好书。读了这本书，你也许就会明白中国股市的基因，以及我为什么会说，在股市，市场先生最后会发言。

## ⑮ 去杠杆：难在哪里

中国的问题，在于债务增长速度很快，很多杠
杆，都是在 2008 年之后积累的。

这些年，"去杠杆"这个词，大家应该听过不少次。顾名
思义，去杠杆就是指金融机构或金融市场减少杠杆。

所谓杠杆，就是资本与本金之比，也就是使用较少的本金
获取高收益，或者说借别人的钱做自己的投资。你跟银行借钱
买房子，也是杠杆。坦白说，金融机构赚钱方法之一，就是杠
杆。那么为什么要去杠杆？杠杆太高，就可能带来风险，类似
借钱炒股，股票好的时候自然好，股票不好的时候，跌一点，
就可能破产。回到现实来看，就是经济好的时候，杠杆会带来
超额收益，经济不好的时候，杠杆会带来意外的风险。

为什么去杠杆这样火？因为经济不好了。"去杠杆"这个
词，最早是金融危机之后，在欧美很流行，现在随着中国经济

不好，也流行到了中国。问题在于，去杠杆就相当于拆解炸药包，一不小心，就会引发企业倒闭甚至金融危机。所以国外流行有两种去杠杆：一种是漂亮的去杠杆，解决问题；一种就是丑陋的去杠杆，会引发风险。

中国自然不走寻常路，我们走的道路主要是行政去杠杆。这也不是不可以理解，毕竟过去信贷放水的时候，也是借助的行政之手。

那么到底中国杠杆情况怎么样？统计口径很多，按照中国社科院张晓晶的计算，截至 2018 年年底，中国宏观杠杆率为243.7%，而一般新兴经济体是不到 190% 的平均杠杆率。我以前也说过，中国的问题，在于债务增长速度很快，很多杠杆，都是在 2008 年之后积累的。张晓晶计算，2008—2016 年，中国宏观杠杆率平均每年上升 12.4 个百分点，超过全球宏观杠杆率增速的两倍。杠杆多了，也带来潜在的风险，2018 年，中国处置的不良贷款估计达到约 1.75 万亿元人民币，据说达到了 2000 年以来的最高水平，这只是冰山一角。

这种情况下，管理层自然要求去杠杆，但是效果并不好，体现在两点：第一，总体杠杆率基本没降；第二，民企在去杠杆，国企却在加杠杆。原本政策初衷是好的，那么执行中问题出现在哪里？

中央要求财政、金融政策要协同发力，更有效地服务实体

经济，更有力地服务宏观大局。这并非老生常谈，而且与
2018年央行和财政的互"怼"事件有内在的关系。

回顾一下这场笔战。起源于当时还在央行的徐忠发布了一
篇文章，题目是《当前形势下财政政策大有可为》。写文章的
原因是"市场上对财政政策的诟病也比较多"，公号"徐瑾经
济人"也转载了这篇文章。诟病有三点："一、多个现象表明
积极的财政政策不是真积极；二、金融去杠杆背景下，国有金
融机构资本不足的问题凸显，应当以财政资金向国有金融机构
注资，并改善公司治理水平；三、整顿地方政府性债务不能一
推了之，应着力避免财政风险金融化，对于地方政府性债务监
管也要考虑地区性差异，不搞一刀切。"

徐忠发言批评的对象是财政部，财政部方面马上也"怼"
回来，相关人士做了回应，发文题目为《财政政策为谁积极？
如何积极？》，文章指出值得商榷的有三点："一、积极财政政
策等于提高赤字率吗？二、财政注资金融机构是虚假的吗？
三、金融机构是地方政府债务问题的受害者吗？"当然，财政
部人士对这三个问题的答案都是否。

该如何理解双方论战？我不是想介绍八卦，只是通过这件
事，我们可以思考的有很多，比如解释去杠杆执行的难度。可
以看出，即使在不同政策部门，对去杠杆的理解也不同。很大
程度上，目前经济下行，从央行的角度，觉得自己在货币政策

方面已经使出了洪荒之力，如果要继续维持货币政策，央行觉得应该财政政策多出手，而财政部则认为，自己有苦衷。

本质在于，各个部门在经济下行之下，感受政策压力的同时，都希望对方多出手，也希望中央表态。目前结果来看，双方都被要求出力，财政要求继续减税，央行要求继续宽松。

目前看起来，货币政策发力了，但财政政策如何更积极？徐忠认为在控制新增地方政府性债务规模的同时，中央财政的赤字率应该更高些。而财政部有关人士回应认为，虽然官方赤字口径未发生变化，但财政部门在实际操作中已统筹考虑多种渠道加大积极财政政策力度，因此不能将赤字规模与积极财政政策的力度简单等同起来。

总体来说，我更赞同徐忠的说法。财政部控制地方政府开支与债务当然对，不过在抽紧地方的同时，中央财政赤字应该发力。更关键的是，扩大财政赤字不能只盯着增加支出，更应该重视减税。

更深的问题是，我们要理解去杠杆的政治经济学。中央多次强调，坚决出清"僵尸企业"，减少无效资金占用。这显然是正确的，僵尸企业和过剩产能是中国经济问题的核心，是金融和实体经济最大的黑洞。但是打击僵尸企业，空喊口号没有用。

回想一下，现在去杠杆是去什么性质的杠杆？2018年上半年，央企累计实现营业收入 13.7 万亿元，同比增长 10.1%；实现利润 8877.9 亿元，同比增长 23%。仅 6 月份央企就实现利润 2018.8 亿元，单月利润突破 2000 亿元，这在央企历史上还是首次，创下了历史同期的最高水平。央企的去杠杆仍需加大力度。

央行、财政部互"怼"中还曾谈到地方政府举债的乱象。徐忠觉得地方政府的加杠杆行为是高杠杆风险的源头所在，"各级政府的国库存款有四五万亿元，各级政府一边存钱一边借钱很不合理"。

而财政部认为，央行没有有效约束自己系统内的金融机构，"金融机构在地方债乱象中，很大程度上扮演着'共谋'或'从犯'的角色，绝不是只会产生幻觉和弱势的'傻白甜'。"

怎么看？徐忠当然没错，财政部自然也有委屈。地方政府很难约束，很多国企之类，财政部也插不上手。货币超发大家总是在骂央行，但背后的关键是财政政策，当年"四万亿"政策之所以影响深远，是因为中央一个"四万亿"的背后，更多的是出现了地方几十个"四万亿"。

总结一下，央行、财政部互"怼"，不仅在于货币政策和财政政策，关键还在于如何更好地约束地方政府。所以，症结还是在央地关系。这个问题的重要性，超出央行和财政部的范围了，但却是决定中国经济未来的关键。

推荐阅读徐忠的书《改革的改革》，比较有意思。

## ⑯ 债务危机：韩国模式还是日本模式

中国经济过去之所以能够保持高杠杆率并且推迟债务出清，并不是中国有多特别，很大原因是处于高速增长之中，很多矛盾不那么突出，部分被掩盖了。

上一节，我们谈了去杠杆。为什么要去杠杆？杠杆其实就是借款太多，去杠杆是为了避免危机。那么，债务危机意味着什么，如何解决？

2008 年金融危机即便过去十多年，全球关于债务的担忧始终存在。债务到底是什么？债务问题如何解决？中国在其中又扮演着什么角色？

债务的本质，其实就是钱，或者说货币。债务危机成为热门词，原因何在？从发达国家经济来说，目前债务增长确实有所抬头，但是比起危机前的情况，其实是有所好转的。以非政府债务为标准来考察，前四大经济体情况如何？根据国际清算

银行数据，美国约为 150%，欧洲和日本约为 160%，中国则
是 205%。对比十年之前，美国情况有较大改善，日本、欧洲
也有小幅改善。然而，中国的债务攀升比例比较令人担心，最
近十年中国经济跃升为世界第二，但这一过程也发生了"四
万亿"等几轮刺激，显然对债务负担有推波助澜的作用。对
此，中国必须加以密切的注意。

全球最大对冲基金公司桥水的创始人达利欧，他有本谈工
作方法的书，叫《原则》。这本书曾经刷爆朋友圈，也入选了
经济人读书会 2018 十大好书。不过，达利欧的本行是投资，
专业的人谈他，一般还是关注他谈经济的部分。

因为他的观点在国内政策和投资界谈论很多，我今天就借
助他的观点，来谈谈债务危机。在他的逻辑框架中，货币、债
务和信贷总是被一同提起。他将三者关系做出如下定义，"信
贷定义为赋予他人购买力，他人承诺今后偿还该购买力，即偿
还债务"；"大部分被视为资金的东西，其实是信贷，而信贷
这种东西，会在经济繁荣的时候凭空出现，也会在经济不振的
时候凭空消失"。

资金可以凭空出现，应如何理解？对大家来说，最近二十
年的记忆，不少是关乎信贷跃进带来的通货膨胀与资产价格泡
沫，因此对于信贷增长非常反感。不过，我们要记住，中国这
几十年的情况有特殊性。从其他国家的经验来看，如果信贷紧

缩，往往伴随经济萧条与通缩，丧失可能的发展机会，作为通胀反义词的通缩，它的世界并没有那么美好。

如果资金与债务可以凭空出现与消失，那么债务危机是如何发生的？一般认为，当债务人无法偿还债务时，就产生债务危机。达利欧认为，信贷和债务快速增长是好是坏，取决于债务偿还的情况。换言之，增加信贷的好坏，取决于借款是否用于生产目的，是否有足够的收入用以还本付息。

达利欧研究过多国的债务历史，结论是什么？只有少数自律性良好的国家能够避免债务危机的发生。这一结论对于熟悉金融历史的读者并不陌生，历史上有太多的债务危机的悲剧。

我常常强调，任何二手经验都值得反思。达利欧的身份，使得不少人对他的思考给予了颇多溢价；不过按照他极力主张的客观性第一原则，任何思考，都需要经历市场的检验。

债务危机有不同类型，从本质上讲，可以分为两类：流动性危机与清偿性危机。流动性危机意味着市场上没有钱了，这个时候确实需要央行提供流动性；而清偿性危机的病因不同，是因为相关机构资不抵债，这往往和坏资产有关，这个时候比起提供流动性，更好的方式应该是去掉腐肉，刮骨疗伤。

面对这两种不同类型的危机，处理方式显然存在差别。达利欧没有对此明确区分，而这种模糊，赋予了监管者过高的权力，又没有进行恰当的约束。

当我们对现状迷惑之际，往往会求助历史。日本是最常见的案例，但日本并非中国最合适的参照系。事实上，中国当前发展阶段无法比肩日本。早在 20 世纪 80 年代，日本人均收入、发展阶段、社会成熟度等都已经超过今日中国太多，从这个意义上讲，成为下一个日本不是赌咒，而是近乎空想。比较之下，韩国倒是更为接近的参照系。

和其他东亚经济体一样，韩国经济从 20 世纪 60 年代起飞，也大致经历了经济发展数个阶段，基础建设拉动期、出口拉动期、杠杆拉动期。在基础建设阶段，往往伴随着政治的改革，这也是很多后发国家所经历的赶超第一阶段，在韩国这其实也有赖于时任总统朴正熙的一系列举措。这一阶段的主要表现是，资本形成对于经济的贡献更大。所谓资本形成，在一个经济落后的国家或地区是指，筹集足够的、实现经济起飞和现代化的初始资本。一般来说，资本形成的过程，就是依靠从储蓄转化成投资的过程。

只有部分国家，能够顺利进入第二阶段，即出口拉动期，日本、韩国、中国等可谓幸运者，譬如巴西等国走完第一阶段后，却始终徘徊在第二阶段门前，这一阶段典型的表现在于出口对于经济贡献更为巨大。

那么，中国的债务之路，如何收场？我一直认为，如果发生债务危机，中国经济有可能面临两种危机情景。一种是韩国式情况，即中国不主动调整，在外部冲击以及汇率波动下，类似韩国 1998 年情况的重演，在一次剧烈的金融危机之后，进行痛苦的出清；另一种是日本式情况，即通过二三十年的缓慢增长，增加政府杠杆以降低企业杠杆。如果条件允许，后一种可能性更大。

那么，如何评价这两种模式？总结一下：一个短痛，见效快；一个长痛，恢复慢。中国经济过去之所以能够保持高杠杆率并且推迟债务出清，并不是中国有多特别，很大原因是处于高速增长之中，很多矛盾不那么突出，部分被掩盖了。从多数国家的经验来看，日本模式是可能的道路，这种情况下，增长恢复会比较缓慢，国民感受或许比较温和。

推荐阅读《债务危机：我的应对原则》。

# ⑰ 印钞：能否救经济

> 印钞有效的前提，在于经济自身的活力。

印钞或者说印钱，是一个很热门的词，不仅民众喜欢说，不少经济学家也喜欢说。那么，印钱或者印钞是怎么回事，应该怎么看？

宏观经济有一个指标，广义货币与国内生产总值之比，也就是M2/GDP。新闻报道中也曾多次出现，中国这一指标在2019年年初刚好超过200%，不仅高于发达国家以及新兴市场同侪，而且还在增长之中。还有另一个指标也常常被提及，即M1与M2增速之差。粗略地讲，M1为银行活期存款，代表企业与家庭准备动用的资金，M2是M1再加上企业定期存款与居民储蓄存款，代表广义货币数量。当下M1增速远低于M2，折射出实体经济扩张意愿的缺乏，而没有扩张意愿，就不会有投资与经济的高增长。

这个指标给人的感觉，就是钱太多了，甚至高层也强调二者要匹配。可以说，控制货币增长速度成为共识，而且显然不乏深厚的群众基础。

我先不说印钞情况，先来看看广义货币与国内生产总值之比这个指标。这个指标最初被当作金融深化或者金融自由化的指标，也就是说金融发展与经济增长存在正相关。所谓金融深化，意味着发展金融，使金融和经济产生良性互动。可见，这个指标原本是好意。但是在中国，这个指标一方面广为人知，另一方面却也被误读重重。最为典型的表现之一，是这一指标被用来作为通胀高企或滥发货币的常见解释。

很多人总喜欢说，激活货币存量，但是货币并非凭空存在，看起来 M2 之类货币数字很大，其中不少并没有用于实体经济，而它们确实又存在于实体经济之间，与实体经济运行不可分割地紧密联系在一起。所谓存量并非市场中无用静止的"存量"，而是各类交易中的有效流动的"存量"。

也正因如此，所谓激活存量并没有用，因为存量已经在实体经济之中，并不存在沉淀之说。由于不明白这一点，很多人会认为经济不好，印钞就可以。这是过去的一种惯性思维，但是将来可能越来越不管用了。

比如，央行最近几年多次降准，地球人都知道应该降准，问题在于降准是否有用。如果从刺激经济角度来看，收效可能不大。为什么这样说？因为刺激的子弹，在过去已经打完了。

当下的宽松为什么作用不大？每一次货币宽松，外界都会大呼"放水"或者"印钞"，对于房地产或者股市也颇多看好的声音。这是一种经验的观察，但是宽松与上涨之间的逻辑关系并不像多数人想的那样。

股市或者房地产，都是金融资产。它们的价格，之所以可以上涨，本质在于实体经济提供的支撑。过去宽松之所以有效，在于中国在金融化过程中，实体经济始终能够创造出源源不断的利润回报，是实体经济的内在动力推动了中国经济的增长，而不是有效的货币政策。

过去一旦宽松，就会引发资产价格上涨的观察，使得中国大概成为奥地利学派信徒最多的国家。所谓奥地利学派，在不少人的理解中，也就是反对印钞的人。哈耶克的"货币如蜜"，以及弗里德曼的"通货膨胀永远都是一种货币现象"，都有不少粉丝。这个庞大的信徒队伍中，各色人等都有，有对主流经济学感到失望的经济学家，有体制内对于管制感到不满的开明官员，有体制外押注通胀的炒房客。

实际上，宽松政策并非永远有效。宽松货币政策，或者所谓印钞，有其作用力边界。这其实是不言自明的道理——如果印钞有效的话，多数国家都会印钞。事实上，我们知道，日本印钞多年，经济却没有起色。

　　我们前面谈过，"四万亿"带来的诸多后果，使得民众往往耳闻宽松，就心生厌恶。货币政策放松充满争议，一方面源于它被视为通胀的起源，另一方面也由于它被解读为为利益集团解套。

　　事实上，通胀的根本原因，不仅在于货币发行，更在于过度投资导致的货币自发派生。钱虽然是央行印出来的，但是能否在实体经济引起货币派生效应，关键在于经济是否有需求。因此，就"四万亿"的后果可以看出，财政制度比起货币政策，要对货币超发负更多的责任。

　　货币政策存在能力边界。印钞者或者说中央银行，是不是万能的呢？显然不是。中央银行在爆发金融危机的关键时刻能够提供宝贵的帮助，提供必不可少的"最后贷款人"功能；但在危机后的恢复过程中，对于经济的恢复能够起到多大作用，全世界还在探索的过程之中。正如美国前财政部长蒂莫西·盖特纳所言，中央银行更多地应该扮演经济繁荣的刹车角色，"当派对进入高潮要取走大酒杯，免得玻璃碎片满地，一地鸡毛。但当金融恐慌气氛蔓延，流动性开始消失，中央银行应该起到加速器的作用"。

　　央行的作用是什么？当经济繁荣的时刻，央行应该刹车；当流动性消失时，央行应该成为最后贷款人。但是当经济低迷的时刻，央行是否可以成为"推动绳子"的人呢？我认为很难，在典型案例中，日本陷入失去的二十年之后，多少次希望通过印钞扭转通缩、提拉经济增速，但是结果并不令人满意。

中央银行能够控制或者影响短期利率，却无法左右民间信贷意愿，因为政策基准利率仅是影响民间信贷意愿的一个因素，更重要的因素在于民间经济的预期回报和风险评估。在这种情况下，当预期回报降低的时候，信贷意愿自然是低迷的。像低利率或负利率这种手段，央行是希望能够加大信贷意愿，但是这种"推动绳子"的方式，是难以推动经济前行的。

因为，表面上看是有很多的货币，但是在实际的经济中，却没有感觉。"钱去哪里了？"一位律师朋友在"徐瑾经济人"社群如此问我。在他的行业，过去一般一次性付清费用，现在却是分期付款，先降到三分之一，后来甚至降低到十分之一。在他看来，诉讼费是刚需，客户却一再要求分期付款，他疑惑地问我："钱也没被火烧掉，钱都去哪了呢？"

简单粗暴地说，在经济下行的通道中，钱没有被烧掉，但确实会消失：欠债是要还的，还债也就是钱的灭失。

经济往往被划分为实体经济和虚拟经济，事实上，整体经济活动背后都存在信贷的推动，整个经济某种意义上也是一种银行系统，每一个经济组织都参与到信用的创造中去。当经济活跃，信用增加，钱随着债务合约的达成而无中生有地诞生，或者说被整个信用体系凭空"印"出来；而当经济低迷，信用紧缩，钱确实可以从有变无——"印钱"的不仅是中央银行，而且还有大大小小的商业银行，更有无数企业与个人参与其中。

信用在活跃与紧缩的转化之中，就构成了经济周期。经济周期潮起潮落，潮起之时万物漂浮，黄金散落四地，待大胆之徒拾取；潮落之日百业凋零，裸泳之人当众现形。上述提到的律师以及他所在的行业只是一个场景，其他的如汽车 4S 店亏损，中小房地产商焦虑，好工作变得更难找，做实业的即使没亏损回款也越来越慢，甚至不得不打折收回，至于各类投资人也很艰难。

钱变少了的时代，意味着机会也在变少。从社会角度来观察，意味着一个新的中长期的趋势正在形成，那就是软阶层社会的到来，以往快速的阶层跃升成为过去，阶层软化正在到来。

那么，如果宽松货币无法刺激经济，我们应该怎么做？货币政策不行，让人自然想到的就是财政政策了。很自然的思路就是去想到投资，比如扩大基建，我们也看到了多个轨道交通建设规划和高铁建设项目被批复。但是，基建投资固然有拉动当期 GDP 之功效，却并非没有代价，当年"四万亿"大手笔刺激之后，中国经济增速放缓，也是同样的道理。

一个投资项目，只有在投资回报合格的情况下，才有利于整体经济的发展，否则，代价将会是沉重的。别的不说，中国目前的基建项目回报率滑落到了一个新的水平。按照中金公司的测算，中国基建项目在建成投产之后获得的现金流，只够支付项目投资利息成本的一半。这意味着，项目建成投产之日，也就是地方政府财政压力加大之时；今日基建的投资越高，未来的征税压力越大。

　　总结一下，今日中国应该怎么办？我认为最不需要的就是加税。相反，更彻底的减税，可能是应该优先考虑的选项。当下经济环境，在企业经营面临诸多困境的时候，税收、社保压力如此之高，即使再宽松的货币环境，对于企业而言，也无力扩大投资。经济增长的动力只能来自企业，而营商环境的改善，本质基于结构性改革，否则减税难以真正达成，这并非短期可以见效的，但随着内外形势的变化，却是不得不为之的选项。

　　推荐阅读《印钞者》。

# ⑱ 金融改革：从日本看中国经济历史"三峡"

> 国企改革，很可能还需要一次类似的结构性改
> 革，当下时点可能正是国企改革的历史"三峡"。

我们谈了钱荒、股灾、债务、危机与去杠杆，好像都是风险。我们知道，正视风险才是解决的第一步。

如果中国发生经济危机，那么很可能会是从金融领域爆发。这一观点近年逐渐成为主流，那么问题来了，下一步中国金融改革应该如何推进？

中国有一个高级别会议——全国金融工作会议，一般中央经济工作一年一次，已经够高端了，这个会议五年一次，算是给中国金融改革定调，最近一次是 2017 年。其中，透露了什么信息？本次会议的信号意义相当明显，会议决议强调"金融是国家重要的核心竞争力，金融安全是国家安全的重要组成部分，金融制度是经济社会发展中重要的基础性制度"。这意

味着目前中国官方对于金融风险有足够的认识，金融安全作为政策底线的看法达成了更多的共识。

金融安全等说法，越来越多在高层的提法中出现。对善于从官方文件措辞中找到各类暗示的市场人士来说，本次会议被解读为规格最高，条文更被逐句拿来分析，唯恐诠释不够。回看本次会议要旨，核心在于重申金融安全，代表了重视金融风险、强化与改善未来监管以及谨慎对待金融创新的趋势。

从会议回到实际情况，如何看待中国的状况？对于中国而言，当务之急，在于辨别可能的风险，降低金融危机出现的不确定性。在今天，金融和产业已经难以分割，实体经济和虚拟经济的分类其实过于落伍。问题的本质不在于实体与虚拟的划分，而在于谁在花钱，谁在挣钱，这决定了花钱是否能带来经济增长。换言之，就是借款与负债的问题。

中国债务问题备受关注，但是与别国有所不同。我们以前也谈过，经济分为政府、企业、家庭三部分，中国的债务问题在哪里？首先，不在于家庭债务，虽然很多人说家庭加杠杆的幅度挺高的。其次，虽然地方债危机之类说法很多，但事实上政府债务也不是很重。中国债务的问题，主要体现在企业债务，其中重头是国企债务过高。国企债务不断做大，是否意味着国企盈利情况尚佳呢？众所周知的情况是，国企的资本回报率远低于民企，央企某些年份核算下来甚至不足 2%。

那么，为什么在如此低的资本回报率水平上，还有那么多国企有意愿与能力大力加杠杆呢？这方面，经济学可以告诉我们更多，半个世纪前的理论在当今也仍旧有效。

介绍一个匈牙利经济学家科尔奈，他是诺贝尔经济学奖得主，他有本书叫《短缺经济学》。他是怎么诊断这种情况的？他说，国企具有软预算约束特征。什么叫软预算约束？有多少钱花多少钱、没钱了就破产，叫硬约束；有多少钱花更多的钱、没钱了也不破产，叫软约束。换言之，国企的生存不以是否获得利润为依据。对国企及其领导者而言，扩大规模是符合自身利益最大化的理性选择，不论扩大规模是否会导致亏损。扩大了规模，国企就不用担心倒闭，也就是所谓"大而不能倒"，就不用担心被别人收购（而且还可以去收购别人），甚至就更容易得到各种优惠与垄断待遇。更不用说，也更容易得到进一步的银行贷款。

对给国企放款的银行而言，不论国企是否效率低下，贷款给国企都是政治正确、包赚不赔的生意。中央政府与地方政府给予国企的隐性信用背书，令国企仅仅排在地方政府之后，成为银行的理想客户。在银行自身急需扩张规模的情况下，将天量贷款贷给国企，成为系统最优解。

从政府角度而言，放任国企加杠杆也有充分的理由。达到历年经济增长目标的最大抓手，从无例外，是尽可能地刺激各类投资，而国企在其中扮演了关键角色。不论是基金投资还是房地产投资，国企们总是轻松从中得到最大的订单，可以说，国企的杠杆正是乘着投资的东风一路飞扬的。而降低杠杆所需要做的事情——僵尸企业破产倒闭、债务违约——却不是各地政府希望发生在自己辖区内的事情。

中国故事并不独特。2017 年，我去东京访学，一个很重要的原因就是希望了解日本曾经的金融危机历史，进而从中得到对于中国的启示。我也在写有关日本经济的书。历史可以告诉我们未来，太多人不去研究历史，所以对现实也难以理解。

如果考虑几个指标，比如从房地产泡沫、人民币升值、资本账户自由化以及外部经济压力等现象来看，当下中国在金融领域很类似 20 世纪 80 年代末期的日本。当时的日本，之前也经历了多年的两位数高增长，虽然经济已经过了高速增长期，但是开始享受资产泡沫的繁荣，经历了日元升值与股市暴涨，更不用提房地产的升值了。

什么都在上涨的日本暴富岁月，随着日本央行在 1989 年的骤然收紧，而急转直下，一切最终成为美丽的泡影。日本企业经历了沉痛的去杠杆过程，日本经济也经历了"失去的二十年"。亚洲金融危机之中，日本也试图改变，迎来小泉首相与经济学家竹中平藏领导的结构性改革，但是一切都显得有点为时过晚，他们的在任时间也不够久。竹中平藏被称为小泉的首席改革设计师, 他本人在和我交流中, 也在感叹, 小泉政权一共存在只有五年半的时间, 做一件大的事情可能就需要两年时间。

历史不能假设, 不过不少日本人对我回想起往事, 都在想如果一切重来, 或许不会选择 20 世纪 80 年代的狂欢, 毕竟一切享受, 在命运中都被暗中标好了价码。

大家最关心的自然就是日本经验告诉了中国什么。首先, 在中国的流行说法, 往往是把矛头指向了广场协议, 认为日本经济危机是美国强迫日元升值下的"阳谋", 但在日本主流看法并非如此。即使亲自参与广场协议制定的日本前财务官行天丰雄先生, 也对我表示, 日本后面一系列经济问题完全是自己的问题, 不是美国的问题。

其次, 更重要的是, 日本经验告诉我们依靠债务难以永远维持经济的高速增长。日本经济和中国经济都存在投资拉动的特征, 到一定阶段会出现关键转折点, 和投资回报率低于资金成本的现象, 这意味着投资无法覆盖资本成本——如果此刻减少投资调整经济, 完全可以避免随后的巨大代价, 但是如果为了避免经济增长回落, 继续加大投资, 其结果将是吹大泡沫, 造成各种资产荒置。对于日本来说, 这一转折点在 20 世纪 80 年代中期, 对于中国而言, 这一转折点出现在 2013 年之后, 表现为民间投资回落以及实体经济难做的草根抱怨。

最后，从上述分析可以看出，中国在 2009 年之后，继续加杠杆以及加大债务比例的主体，主要是国企。如今不少国企昂首阔步、晋升世界五百强企业，但是其背后的代价，也值得剖析。

说到底，金融和实体难以明确划分。风险在产业层面体现为资产质量的恶化，在金融层面转而体现为债务问题；而债务过多，之所以成为问题，是由于与这些债务相对应的资产，不足以产生利息成本之上的回报。也正因此，中国金融改革要点不仅在于金融之内，更在于国企与财政。要解决资产质量恶化的问题，不仅需要对国企进行市场化改革，也需要政府改变投资拉动经济增长的模式。

换言之，四十多年前，改革刚刚开始的时候就被给定的任务，即对国企进行市场化改造，到今天仍旧没有完成。这才是中国国企债务飞扬的主要原因。中国国企过去以低效著称，曾经经历过朱镕基式暴风骤雨的改革，如今国企改革，很可能还需要一次类似的结构性改革，当下时点可能正是国企改革的历史"三峡"。

泡沫鼎盛时刻，凡事多带有七彩晕环，一切不可能都成为可能。小到京沪房产，轻轻松松回报率相当于上市公司 年的利润，大到乐视之类，敢想敢做的野心故事。然而，泡沫背后一切都是"债"的力量，但是债的特点就是不仅需要归还，

125

而且随着时间会越滚越大，甚至造成雪崩。

总结一下，这一章谈金融，可以看到产业背后的问题，往往和金融纠结在一起。这是很多人容易忽略的。莎士比亚有句台词，"这些残暴的欢愉，终将以残暴结局"。希望这次，中国能够不一样。

推荐阅读科尔奈的《短缺经济学》。从中你可以看到经典的智慧，并不会随着时间落伍。

FUTURE ECONOMIC 30 KEY WORDS

# 财富资产 第四章

如何守护财务安全

## ⑲ 人民币：保量与保价的双重博弈

人民币走势，中短期内决定于中国金融改革步伐，长期仍旧取决于中国经济的平稳转型。

之前的几章，历史、制度、宏观、金融，是要给大家一个视野，一个框架。而在这一章，我谈得会更具体，和你的生活关系更大。先从人民币开始说起。

这几年，人民币改变了此前升值的态势，连续走低，兑美元汇率中间价创下最近十年低位。你可能好奇，人民币为什么走低？除了美元短期走高以及外部环境变化外，放在长时段里来思考，这一答案的线索会更为清晰。

这首先是对过去单边升值的市场修正。2010 年年末以来，人民币一路走高，直到 2014 年年中升值至 1 美元兑换 6 元人民币的最高点，之后开始出现贬值趋势。最具标志性的事件是 2019 年 8 月 5 日，人民币汇率破 7。汇率变化，对中国人来说到底意味着什么？这背后，无论是"买买买"还是各类企业出海的经济图景，都对应着中国居民的购买力。

所以说，当前人民币走低，首先是过去涨多了，这是最直观的理解。

其次，更长远一点思考，不仅应看到人民币的贬值，也应该梳理清楚汇率制度的变化。中国过去巨大的贸易顺差，在给中国带来不少国际压力之际，也使得人民币汇率的所谓有管理的浮动汇率体系，在缓慢中取得了进展；随后，随着人民币的贬值趋势开启，2015年"811汇改"，紧接着人民币加入SDR（国际货币基金组织的特别提款权），人民币汇率中间价机制基本形成，即"收盘汇率+一篮子货币汇率变化"制度初步成型。

人民币破7之后，渐渐成为热点，如何理解当下人民币凶猛的贬值？我参加过不少相关的讨论会，我所在的FT中文网，也进行了不少专题讨论。我梳理了学者、官员、业界不同领域人群对于人民币的理解框架，我发现，大家在各有侧重之余，也存在一些迷失。

比如，一种流行的说法你可能听过，即在于人民币兑美元汇率中间价，这种制度内嵌了人民币贬值预期，使得贬值不可避免。事实上，人民币中间价形成机制只是一种制度设计，其优点是使得人民币汇率更为透明。也就是说，人民币中间价形成机制并不是贬值的根源，只是贬值的表象。恰恰是中间价机制的推出，使得人民币在岸市场受到了比以前更多的关注——比起离岸市场，在岸市场更多代表了国内居民对于人民币的看法，也更为主导当前汇率的趋势。

还有一种说法也很流行。一段时间以来，很多人认为，人民币贬值压力来自外部，如贸易战等问题，其实人民币的未来走势，决定因素还是在内部。每当各国发生金融危机，民族主义者总会归咎于外部，事实上不少因素都来自内部——国际上的做空者，最擅长的就是避开体质强健的国家，而集中追逐制度存在漏洞的经济体。

从这个角度理解，对于人民币而言，最核心的决定因素，其实是中国的资产回报情况。只要中国资产回报率高，人民币资产就会维持吸引力，人民币汇率自然也会稳定下来。不过，这需要以中国推进结构化改革为前提。

人民币在纠结，症结在于中国经济的自身问题。与汇率贬值互为镜像的因素，则是外汇储备的流失。根据官方数据，以前的四万亿美元，现在共有三万亿出头。

人民币走低之下，最为难的是央行。为什么？在保持汇率稳定与外储数量之间存在"价"与"量"的取舍，央行的货币政策的腾挪空间随之降低。也就是说，人民币的问题并不仅仅是汇率与外储的矛盾，人民币汇率趋势，对于未来经济政策也持续构成制约，房价泡沫、过剩产能甚至债务问题等原本相对独立的问题，也在汇率问题中聚焦，日益联系紧密。进而言之，人民币的问题实际上与经济症结互为表征，汇率走低并不可怕，但是底线在于必须防范因为资本外流而引发的金融震荡。

每当汇率、房价出现波动，总有保汇率还是保房价的疑问，很多读者会问我这个问题，即使专业机构也对这个问题的研究乐此不疲。这种说法固然直接形象，但是过于简单粗暴。事实上，汇率和资产价格存在矛盾关系。这种对应关系往往类似跷跷板，中央银行在其中只能平衡，顾此失彼可能是常态，但绝非非此即彼。对于多数人而言，最关心的自然是房价，这个问题非常特别，我未来会谈。

但是就汇率对房价的影响而言，其实房价十分特殊，它不仅是一个慢变量，而且是一个分割市场上的商品，也受到资本管控最大的影响。汇率变化对它即使有影响，恐怕也是滞后被感知到的一个。

目前对人民币贬值的诸多分析之中，很重要的一点在于，过于轻视市场的力量，同时又容易陷入央行崇拜。首先，汇率表面上是不同货币的比价问题，其主导力量却是千千万万投资者在亿万海量市场中的信息互换。央行即使在其中有重大作用，但也需要顺应市场趋势。

其次，中国近些年汇率波动的本质，更多与中国经济体投资回报率的变化相关，过去人民币走高背后是人民币资产回报率的高企，而随后人民币资产回报率走低，实体经济陷入资产荒无法自拔，国内唯一坚挺的一线房地产价格也被怀疑过分高估，人民币的汇率必然表现疲软。

最后，随着中国居民和企业的成长，其海外配置资产的需求本身存在，而这种需求也会随着人民币汇率走低而不断强化，这也是中期市场的主流趋势。

山雨欲来风满楼，你可能最关心的话题是对于中国而言该怎么做。目前更应该趁现在手中有筹码优势重新定位人民币的价格。如果人民币贬值无可避免，那么避免人民币贬值与资金外流之间的恶性循环，应该是重中之重。在人民币破 7 之前，我就曾经建议，最好的方法之一就是效仿 20 世纪 90 年代一次性贬值，例如将人民币出其不意地一次性贬值 10% 左右，这提前锁定了外流资金未来一两年的贬值预期，使得大部分资本迫于成本不得不继续留在境内。当时，朱镕基主导通过一次性贬值获得了经济出口竞争力。这对于亚洲国家一方面是一次成本冲击，另一方面也帮助中国在面对亚洲金融危机冲击时维持了稳定。

说起主动贬值，2015 年央行曾经主动贬值 2%，2019 年又出现破 7。主动贬值，需要注意什么？央行必须不仅考虑政策的第一层次影响，还必须考虑其产生的第二冲击波，甚至第三冲击波。人民币中间价的调整，有可能对离岸人民币交易（在中国境外的人民币存放款业务）造成冲击，导致离岸人民币汇率进一步贬值，再度形成低于央行中间价的局面。这一价差的持续存在，有可能引导资金继续外流。进而，价格基于比较，随着人民币的贬值，大宗商品价格、其他新兴国家货币都可能遭受冲击，这些资本市场上的动荡可能削弱人民币贬值的正面效果，反过来对人民币造成进一步贬值的压力。这些变化也会对国内金融环境造成影响，银行间市场、债券市场都可能感受到这一影响。这样，央行需要综合考虑这些衍生影响，最大限度用好手中的政策组合，防止贬值预期的螺旋状自我实现。

货币是最考验权力的游戏，古代帝王可以将头像印在货币之上，却无法保证货币得到市场的拥护。人民币，归根结底，也还是人民的选择在主导。

回头来看，你可能好奇，人民币汇率的基础是什么？每当人民币走低，总有人民币"锚"的讨论，有人说是制造业，也有人说是房地产。这些观点流行之广，与其错误之深，折射出当下经济问题的诸多悖谬。坦白说，人民币本质上说没有锚，现代货币也不需要锚。货币的本质是支付承诺，关乎发行和支付的机构是否信守承诺。

也正因此，人民币的未来，直接说，取决于央行的取舍，间接说，取决于中国经济的走势。多数软阶层的身家，还是与以人民币计价的房地产绑定，经济的稳定发展，事关多数人的最大福祉。

对于你而言，应该怎么做？机灵的做法，自然是对冲。一般人在国内买美元的渠道有限，那么就不得不考虑更多其他选择。在人民币破7那段时间，几乎所有的避险资产都涨了，风险资产都跌了，也就是说，人民币下跌，股市下跌，日元涨了，黄金涨了。

人民币贬值对普通人有什么影响？对于一般公众而言，人民币贬值的影响主要是海外消费以及投资决策。如果人民币贬值预期加强，此刻除了进行一定程度的美元资产配置之外，公众更应该考虑人民币资产价格的下跌压力，房地产尤其是三四线城市的房地产价格未来难言乐观。曾经人民币升值，可以说是有房地产泡沫坚挺的大背景。楼市未来不仅与长期人口周期以及短期涨跌周期重叠，也与宏观经济的转向相纠结。

无论你有钱还是没钱，都需要关心人民币。总结一下，人民币走势，中短期内决定于中国金融改革步伐，长期仍旧取决于中国经济的平稳转型。也正因此，人民币最终对赌的是人心与基本面。即使短期之内强力堵住资本出口，只会导致国内资本加速折价惊恐出逃。一个正常的经济体，必然存在资本的流入流出，就像股市一样。人为压抑做空与卖出，只能换回一个静悄悄的市场。

推荐余永定老师的《最后的屏障：资本项目自由化和人民币国际化之辩》。余老师也被称为"人民币先生"，你也许不同意他的观点，但他的视角，部分可以揭示一些官方的态度。

## ⑳ 房地产：折叠的阶层

> 对于普通人而言，如果不是自住，投资房地产可
> 能不再是一个好选项。

房地产，几乎关系到每个中国家庭的幸福，但是，房地产
也是一个很浮躁的话题。我们需要尽量理性地来看待这一
话题。

中国的商品房起源于 20 世纪 90 年代末。以国务院《关于
进一步深化城镇住房制度改革加快住房建设的通知》为标志，
旧福利分房模式告一段落。从此，住房货币化改革进程全面展
开；进入新千年后，房价持续上涨成就富豪榜上多位地产富豪
之余，也顺带成就了多空双方的各位名嘴，民众悲喜更是沧桑
百态，电视剧《蜗居》《裸婚》的热播成为其中一粟。

如今，中国房价之高有目共睹，甚至海外的巴萨球星转会
中国，也感到有压力。无论从相对价格还是绝对价格来看，中

国房价可能率先实现了"超欧赶美"。那么，是谁在推高中国房价？大众往往归咎于贪婪的开发商，开发商又说是精明的丈母娘，丈母娘们则埋怨黑心中介，而中介们都推给无耻的投资客——这个谴责链，在城市房价上涨的故事中，最后结束于炒房客，往往是拿着破皮箱一次性付清全款的外地人形象。这一形象，一方面无可考证，另一方面容易引来道德评价上的鄙视。

以往数次中国房价调控，往往从供给端发力，而最新一轮调控则从需求和供给两端发力，强制降温。饶是如此，房价仍居高位。

那么，房地产调控为什么吃力不讨好？简而言之，这一政策的利益同盟过少，而对立面太多。其讨好的对象来自希望购房的人群，但这一群体人数并不占大多数，且心理预期阴晴不定；与此同时，地方政府、房地产企业甚至持有房产的人都因这场调控不同程度地利益受损。受损方从以往调控经验出发，往往会以"以时间换空间"的策略应对，这也是地方政府一方面大喊保障房而另一方面又不时放松的原因所在，至于房地产商，往往宁愿惜售也不肯大幅降价，甚至继续高价拿地。

经济学认为资源永远都是稀缺的，如何分配是关键，这决定了从长期来看，市场价格最终是由需求决定，自发交换是最有效率的一种方式，短期的人为干扰只是扰动。

房子少了可以限购，车子多了可以限行，短期之内是可以控制局面，却无改需求不平衡的本质，甚至造成房价报复性上涨的预期，这也是当前调控不仅未能改变房价只涨不跌预期，而且也未能撼动当前房价根基的原因。

再看目标，官方希望房住不炒，房价合理回归。房价高低的衡量标准，通常用的标准就是房价收入比，也就是房价与居民家庭年收入之比，就是多少年收入可以买一套房。从中国的数据看，深圳房价收入比 35.9，北京、上海超 25，一般而言国外是 7。那么，为什么看似如此之高的房价收入比，却没有如预言家所言，让房价走向崩盘？这一方面源自收入统计的缺失，譬如兼职等其他收入并没有统计在案，另一方面则是各种福利分房政策。

那么，房价上涨是否合理？平心而论，中国房价上涨，是一连串因素的结果，与城市化、人口结构、经济发展、自有住房率偏高乃至货币供给等因素都息息相关。也正因此，无论从什么水准衡量，中国房价目前确实过高，但并非高得没有道理，频频出现高价地王及天价楼盘的消息揭示了"楼市泡沫"的另一面：存在即合理。这看似不合理的价格背后，有其一定合理性的根基。

回顾一下最近二十余年的房价变化。我曾经整理过全国房价的数据作为参考。2004 年与 2009 年可谓房价起飞的两个加速节点。时间点上刚好对应着土地招投标制度铺开与"四万亿"推出，谁是最大的获益者，谁在推动房价走高，答案昭然若揭。

可以说，在房价本应正常上涨的周期之中，不当的政策干预加剧了市场扭曲。这不仅促成了房价的狂飙，也透支了中国房地产业的未来空间：2003 年以来土地出让政策，使得地方政府高度依赖土地出让金，土地财政模式得以固化。到 2010年，土地出让金占地方财政收入的比例高达 76.6%；而 2009年的"四万亿"刺激政策，导致随后的信贷狂欢，汹涌的货币缺乏投资渠道，大举流入房市，不是房子贵了，是钱更不值钱了。

如此一来，在房价只涨不跌甚至越调越涨的预期之下，买房成为过去二十年的最好投资，"拆"字更是走红大江南北。西南财经大学中国家庭金融调查与研究中心发布的数据显示，2010 年中国家庭净资产总值高达 69.1 万亿美元，高出同年美国家庭净资产总值（57.1 万亿美元）21% 之多——其中，高房价是首要因素。

房地产，也是造成中国阶层折叠的最大起因，也是其最大呈现。换而言之，高房价不仅是分配机制不合理的直接产物，更是中国贫富不均的生动写照。在这场财富盛宴中，接近资本一方，往往可以先知先觉地巩固自身先发优势，拿走蛋糕上最丰厚的一层奶油。

而一般民众，最多不过是追随者而已，即使奋力赶上了这几轮房价上涨的顺风车，却同样要承受因房价上涨而带来的全面生活成本上涨。高房价对每个人都是一种隐形的"税收"，从钟点工到高端白领，概莫能外——无论你是否买房，财富的马太效应两极分化的社会现象，富的更富，穷的更穷，都在那里。

中国房价高企，却被认为风险不高，为什么？从金融层面看，原因之一就在于居民债务杠杆不高，也就是说，大家起码首付是三成之上。但这并不意味着没有风险。金融体系不健全之下，居民高储蓄与长期负利率并存，事实上造成了双重剥削。一方面储户为政府以及企业部门提供不少廉价资金，另一方面也使得按揭买房的人群间接剥削了储蓄的人群。反过来看，风险通过杠杆传递到政府以及企业部门，一旦经济下行，房地产的风险不会过多体现在居民部门，而会体现为政府以及企业部门痛苦的"去杠杆"过程。

也正因此，如何看中国房地产业？一方面需要正视其高房价存在的合理性，另一方面对于其风险不能掉以轻心。身处现代经济之中，房地产的消费性与投资性俱备，而投资性就孕育着风险的可能性。

房地产价格随经济增长而增长，具有其内在的经济规律，大部分交易应该留给市场去做决策。政府行为只是影响房地产市场的力量之一。在房地产市场之中，政府的功能应该定位明确：第一，防止房地产泡沫对整体经济安全的威胁；第二，防止房价过高带来的社会问题。当下政策（限购与直接打压），可能部分地达到了第一个目标，对于第二个目标用处不大：房价仍旧在上扬、房屋销售面积却在下降，也就是更少的人被解决了房屋问题。

政府对房地产市场的深度介入，往往会导致边界与权限的模糊，不仅使得自身深陷普通商品房、限价商品房、经济适用房、公共租赁房种种泥淖中等无法自拔，而且使得市场正常运行受到干扰，这也就是这一轮调控始终无法撼动"房价回归"的根本原因。

高房价的存在，诚然加大了中下阶层痛苦指数，也透支了不少年轻人的梦想。反观中国人固有的"居者有其屋"梦想，往往反映在过早买房以及过高的自有住房率上，这一方面源自民间对日益高涨的房价的集体焦虑，另一方面也折射出产权稀缺环境下的无奈。

那么，如何避免高房价的负面效应？如果高房价已经成为一个严峻的社会问题，政府应该有所作为。我更看好廉租房而不是经济适用房。不过，我认为廉租房这一模式的运行，同样应该以市场化的方式来组织，否则其间的腐败与浪费就难以避免。廉租房管理也应采取市场化方式：供应端由政府组织市场内企业来招拍建设，需求端由政府直接对低收入租户进行房租券补贴。

与此同时，政府应该鼓励市场以市场的方式，探讨解决房价过高带来的社会问题，例如推进租赁市场的积极发展、解决小产权房、探索土地私有化问题等；更进一步看，从限购到土地供给都应该考虑适时放开，抛去诸多计划主导市场的束缚，这一点至关重要。

总结一下，对于普通人而言，如果不是自住，投资房地产可能不再是一个好选项。

提到房地产，还是推荐一本谈投资的书吧，两位著名经济学家乔治·阿克洛夫与罗伯特·希勒的书——《动物精神》。读完之后，你也许可以理解，为什么非理性的繁荣可以持续那么久。

## ㉑ 房产税：中国经济的灰犀牛

对于我们来说，房价不要大跌，小幅渐进地调整，更有好处。

房产税，一个大家很关心又很苦恼的话题。很多人会问，房产税会不会推出？这得看政策决心，目前看来可能性不小。但是，我也想说，房产税的推出面临很多挑战，如果处理不好，可能带来风险。房产税，有可能是最大的灰犀牛。

你可能没买房，也可能买了房，但多数人肯定没有很多套房。因此，也有理由对高房价感到愤怒。但是，房产税未必是件好事，为什么这么说呢？

房产税的影响是什么？我们先看实行房产税对于房价的影响。

早在 2010 年，国务院财政部发布三次文，作为房地产试点城市的上海和重庆启动了房产税。二者都是以新增购买住房为考虑，重庆针对别墅等高档住房，上海针对普通住房，且对于本地人有不少优惠。上海从 2011 年开始执行房产税试点，多年过去了，房产税对于多数人来说，还是一个遥远的事情。虽然学者们当时测算说上海执行房产税之后房价大概会下降15%，实际上，即使限购政策在侧，上海房价仍旧一路飞涨。

从抑制房价的效果来看，两地房价持续上涨，使得房地产税可以降低房价的说法受到质疑。更何况，一方面，法规本身较松；另一方面，民间智慧令人叹为观止：按照网上的攻略，一家人用各种方式，如离婚等组合一下，可以合法拥有八套房而不缴纳房地产税。

然而，即使不能降低房价，房地产税最后还是可能推出。背景是什么？其中一个明显的原因，无疑是地方财政的捉襟见肘。伴随着拆迁成本高升以及城区土地日渐稀少，一线城市房地产正在由一手房市场变为二手房市场，地方政府收入的土地出让金年年减少：土地出让金在 2014 年达到 4.3 万亿元的历史高位，随后一度回落，直到 2017 年才回升到 4 万亿元左右，2018 年基本持平。而过去十来年，土地出让金占到某些地方政府收入的四到五成。

这个时候，以房产税补充土地出让金，自然成为可能的选项。

在 70 年产权的情况下，土地产权没有完全落实。中国房产税，还是房地产税，其实还是说不清楚，因为你没有拥有土地，谈什么房地产呢？在无法厘清的情况下，屡屡吹风征税，的确映射了当下中国财政的问题。中国政府的官方债务水平虽然比较低，表面赤字不大，但是各种隐性负担核算之下，地方一级政府的赤字率惊人，有的地方已经发不出工资了。

过去的土地财政模式，看起来是点石成金的金融炼金术。可以说，这使得中国过去二十多年来的基础建设速度走到了世界前列。同时，也让不少城市里的家庭几乎一夜之间因为房产成为千万富翁。但是，容易的钱，来得快去得也快。这些年土地招投标制度使得中国深陷土地财政旋涡，地方政府发展模式在"大干快上"的投资狂潮中无法自拔，一步步依靠新增投资，如同饮鸩止渴。

这种模式起源于香港，是特殊的殖民统治下的产物，其弊端以及短视应该引发警惕与反思。香港房价不断高涨，中产阶级收入止步，表面上赋税不高，但实际上每个人都为高房价而付出了代价；"已婚却分居"的新生活模式也开始涌现，即香港年轻夫妻选择婚后仍会处于分居状态，即各自与父母同住。根据香港城市大学2016年的调查，在18-35岁的香港人中，76%仍与父母同住。这一比例是在相当低的失业率情况之下发生的，几乎是其他发达国家的两倍，房价在其中起到的作用不言而喻。

香港和内地的过去已经不可更改，未来更应该思考的是如何改变不合理的土地制度。即使土地招投标制度在过去有其历史意义，但在当下几乎已成为鼓励"地王"、奖励投资的负面因素。这是比起房地产税更值得关注的土地政策。

退一步说，房地产税真的能够大幅扩张地方政府财力吗？有人测算全国房地产价格在 130 万亿元左右，这看起来是一块大肥肉，但是实际上能收到手的房地产税到底有多少？按照国泰君安的测算，在 0.5% 的房产税税率假设下，针对房屋市值征收的房产税能占到地方本级收入的约 10%；若房产税为 1.5%，则对地方本级收入的贡献为 30%。但如果考虑每人 20 平方米减免，那么在 0.5% 和 1.5% 的税率下，房产税仅能分别占到地方本级收入的 4% 和 12%。

进一步说，在房价年年上涨的压力之下，有购买能力的中国家庭，多数已经完成了自住房配置。据美盛环球资产管理与渣打银行中国 2017 年的报告，中国投资者的自有住房拥有率领先全球，高达 74% 的中国投资者拥有房产，属于受访市场中最高比例。对比之下，亚洲（日本除外）平均仅为 57%。这说明房屋已经成为中国人最重要的金融资产。随着房地产税的推出，无疑将会导致中国居民家庭财富的缩水。增加地方政府财力与家庭财富缩水之间的对冲，将会导致怎样的经济净效益，更值得我们深思。

最后，从房产税的用途来看，美国等国往往为地方一级政府使用，用于公立学校建设以及社区维护等，这种情况下房产税并不是作为贫富调节或者房价调整的因素，而更多是取之于本地用之于本地的思路。

在日本的案例中，房产税的目标并非房价调整。以日本房地产为例，其房产分为固定资产税和都市规划税等类别，目前并不算高。20世纪80年代一度出台了比较高的税率，但并没有起到遏制房价上涨的作用，到90年代政府为了鼓励持有房地产做了调整，但也没有遏制土地价格下跌的势头。

回到中国场景。在房地产界，或许有"房叔""房姐"，却并没有真正的神，一直鼓吹炒房的网红，可能最终是通过梦想暴富的粉丝来变现的。房价剧变带来的阶层变化，让焦虑和自满都成为集体游戏，大家都不过是时代经济中翻腾的蚂蚱，运气好的时候面朝上，给个灿烂笑脸，运气不好的时候面朝下，不小心就跌个四仰八叉。

在一二线城市拥有两套房产，是中国中产阶级梦想的标配，也几乎是他们对于自身奋斗的最高肯定，在内环线迎接每天的上班高峰是他们的人生理想。也正因此，他们才会对即将到来的房产税消息，多以视而不见的态度加以忽视。

经验告诉我们，政策并不仅仅以经济逻辑为要点，房产税推出的可能性在加大。但是推出之后，经济逻辑仍旧会发挥作用。房产税的问题不仅仅在公平上，更在于可能的一连串反应。

房产税，可能降低不了房价，还会有其他问题，甚至带来"灰犀牛"的风险。"灰犀牛"是与"黑天鹅"相互补足的概念，表示太过于常见以至于人们习以为常的风险；"黑天鹅"则是指小概率风险。

为什么这样说？一旦推出房产税，从居民层面，除了可能的房地产价格跌落，更多持币待购者会开始犹豫，申请房贷的人就可能减少或者放慢脚步；从企业层面，银行抵押物缩水，在银行的调整之下，可能会带来流动性进一步收缩，甚至引发通缩循环。

总结一下，房产税有风险，甚至可能影响一些和房产无关的人。我们多数人，包括你，都不喜欢高房价。但是房价真的炒上去之后，房价再跌下来，也有风险。对于资产价格，会有很多意外结果，甚至导致通缩风险。对于我们来说，房价不要大跌，小幅渐进地调整，更有好处。

推荐一本《房债》。读了这本书，你就明白，为什么房价下跌在美国引发了大衰退，为什么经济衰退，受伤最多的还是穷人。

## ㉒ 学区房：阶层门票之外的本质

> 比起投资孩子实现自己未能实现的梦想，不如先
> 投资自己，你的胜算可能比孩子多一些。

现在和中产阶级聊天，最令人焦虑的都是孩子，最喜欢聊的都是学区房。

我听过一句话，读了很多书，仍旧过不好这一生。目前北京学区房的热潮大概可以作为现实版的注脚，那就是上了北大、清华，仍旧买不起北京学区房。过去批判"宇宙中心"五道口学区房 200 万太贵的看客，估计肠子已经悔青了，"15 平方米的老房子，没有上下水，没有燃气，总价 170 万"，这都是老黄历了。对比之下，媒体报道了 25 万元一平方米的学区房，一些高端学区房价格更高。比如金融街某小学，有人表示自己出价 50 万元一平方米，结果直接出局。

中国房价的走高，让出自一流学府的社会主流精英也难以

承受。也正因此，这些天最热门的讨论是为什么学历不值钱而学区房值钱。对此，网络段子手称之为"诺贝尔经济学奖之谜"。这不是搞笑，房价在中国就是那么重要。

这是中国软阶层的集体困扰，你可能也在其中。一边是不断攀升的货币数量，一边是居高不下的房价，未来如何对冲？可怕的是，越来越多的人内心也明白最后清算会到来，但是谁也不甘心，也不敢在这场资产盛宴中置身事外，一如过去的国家牛市一般。

也正因此，房产对中国人，不简单。房子，不仅是居住所在，更是中国家庭最重要的金融资产，甚至被视为奋斗的成败标志。按照西南财经大学中国家庭金融调查与研究中心2016年的报告，中国家庭户均资产从2011年到2015年以8.8%的年均复合增长率增长，预计2016年将达103.4万元，全国家庭可投资资产总规模达147.5万亿元。其中房产在中国家庭的资产配置始终无可匹敌，2013年和2015年占比分别为62.3%和65.3%，2016年占比近7成。

更重要的是，比起刚需、改善性住房等概念，学区房更像是当下中国社会的一个精妙比喻。资源不均、竞争激烈的情况，最典型就是教育；要拿到竞争资格，比如入学，就要更多资本。这一两代中国人，在物质极大改善的同时精神也空前焦虑，既见证了市场释放了学历这样的能力的阶段，也见证了学区房这样的背景因素日渐重要的过程。

大家从自身经验而言，相信自我奋斗的无限空间，但不可避免的，也看到了下一代成功难度的加大。也正因此，集体焦虑的扩散不言而喻。

在房价上涨背景之下，学区房更是受人关注，很多人都在问学区房的事。在"徐瑾经济人"社群，有朋友问我：

> 徐老师，您好！想咨询一个关于学区房的问题。选择 A：踮起脚尖（花完所有股票、现金），依然要贷款 250 万，可以够到"老破小"的学区房；选择 B：将现金继续投入股票。在中国目前的情况下，实在不知该如何选择。

借这个问题，来谈谈对于学区房的理解。

首先，学区房和教育有关，不少人把学区房看作投资。那么，这笔投资划算吗？有人做过测算，学区房相较于一般房屋溢价约等于选校的费用。如此说来，学区房价格高很合理，尤其是学区房卖掉甚至还有可能升值，那么学区房的代价只是多出的购房现金的存款利息。

然而，这种算法不对。仅仅从数字来说，学区房往往只有在小房间的情况下才可能更合算，学区房的代价其实类似购房费用的机会成本，而且不止于此。

这就谈到第二个问题，为什么学区房值钱，学历不值钱，很多人为此辩论不休。

首先，学区房买的不仅是学票，更是阶层晋升的入场券。学区房抢手，不是因为学历不重要，恰恰是因为好学历由奢侈品变为必需品，因此家长们才不惜重金豪赌。

但是，我们看看经济，实际情况如何？事实上，不少研究指出，从2008年以来，受教育获得的回报确实在降低，对比之下，蓝领工人薪资收入上涨很明显，白领则相对停滞。

仅仅从教育回报而言，学区房并不是最好的选择，因为教育本身的边际回报已经在降低了。

这就是我一直想指出的一点，学区房不是投资，更应该看作消费。学区房之所以那么贵，是这些年消费升级的余波。当有更多的人愿意在孩子身上花费更多金钱的时候，同时，当地方政府不太擅长让教育资源均等化的时候，当地方民办教育仍旧不够发达的时候，学区房溢价才会不断上扬。

现在，很多人问未来什么资产值钱，就有经济学家说再生一个孩子。这本质上，就误解了孩子的经济功能定义。过去的养儿防老已经过时，在今天孩子更多是情感消费。学区房无非是对于孩子消费的再次升级，中产养孩子更多是为了天伦之乐，而不是退休船票。

因为到最后，很可能也靠不上孩子。为什么这样说？因为这一代的孩子机会空间与过去不可比，阶层停滞将会随着经济停滞而到来。

这就涉及最后一点，学区房为什么值钱。很多人认为是焦虑推动，阶层固化的现实与阶层跃升的梦想之间的焦虑。不可否认，如果问全世界哪里的父母最焦虑，答案大概就是亚洲，而亚洲可能华人更甚，其中一线城市父母自不待言。

争夺学区房其实也是在争夺赛道。很多人认为，孩子在比自己当年更好的环境下，理应获得更好的成就。这一想象未来可能被证明虚妄。"70后"是获得改革红利最大的一代人，"90后"不少已经是富二代，即使比较夹心层的"80后"，也是在中国经济一路向好的背景下长大的。

问题在于，如果去问一些相对成功的台湾人、香港人，他们已经提前走过大陆的过程，他们会承认，自己下一代未必会有自己那般的好机会。

怎么办？认清大势，降低预期，才是更理性的做法，愿望不能代替现实。

总结一下，这样的情况下，什么资产最有利？比起投资孩子实现自己未能实现的梦想，不如先投资自己，你的胜算可能比孩子多一些。投资自己也是对未来的保险。

你一路顺风的时候，可能意识不到投资自己的必要性与回报。等环境条件突然变化，唯有有丰厚储备的人才能快速转身，不至于被剔除自己之前的阶层。这个储备，不仅是财富，更是能力与心态。那些没有及早投资自己、建设自己的人力资本的人，却可能无此能力。在我看来，最油腻的人，就是用自以为务实的鸵鸟策略过了失败的一生。到最后，还好为人师，教导年轻人应该怎么面对现实。这种油腻，无论男女都一样。

推荐一本育儿经济学的书《爱、金钱和孩子：育儿经济学》，让你理解，为什么全球家长看起来很鸡血，以及背后的选择。

155

## ㉓ 互联网金融乱象：理财钓愚潜规则

想要高收益，往往就有高风险，所以更多时候，
理财产品选择银行，还是相对靠谱的投资渠道。

所谓互联网金融，大家熟悉的网上理财或者 P2P 都属于
这类。在前几年，互联网金融一下子火遍中国。我身边的朋
友，不少去创业，一半是做自媒体，一半就是做互联网金融。
比率高到让我怀疑人生，如果说中国人一半有创业梦，那么在
这梦里，或许又有一半是关于互联网金融的。

先回顾一下互联网金融的发展。2013 年，称为中国互联
网金融元年，2014 年则是各类互联网金融遍地开花的一年。
那时候，财经媒体圈聚会也流行着各类真实或虚构的创业段
子，不是哪个刚入行的小记者顺手发起家互联网金融公司，就
是某媒体多年前台突然转身 P2P 创业。对比之下，2015 年则
是新一轮跑马圈地的时代，重头戏是中国央行等 10 部委发布

《关于促进互联网金融健康发展的指导意见》。

这个文件有什么内容呢？坏消息是监管加强，可以总结为为"牲口套上缰绳"。好消息是互联网金融已经部分通过观察期，其存在得到正名，"互联网金融是传统金融机构与互联网企业利用互联网技术和信息通信技术实现资金融通、支付、投资和信息中介服务的新型金融业务模式"。这意味着互联网金融登堂入室，由无人看管的"野孩子"被中国官方监管机构正式领养，至少暂时远离随时落下的"非法集资"之类口袋罪。

在万众创业的口号下，回归正统的互联网金融，好歹有"万众创业"金牌护身，甚至不少银行开始眼红这类金融科技的小不点。但是，不得不付出被管教的代价，即监管的收紧，官方的定性是互联网金融的本质仍属于金融，"没有改变金融经营风险的本质属性，也没有改变金融风险的隐蔽性、传染性、广泛性和突发性"。这首先体现在监管地盘的划分，目前指导意见明确了互联网金融属于金融，联合各部委发文实则是确立一行三会在金融领域的监管权力，目前央行负责互联网支付业务的监督管理，银监会负责包括个体网络借贷和网络小额贷款在内的网络借贷以及互联网信托和互联网消费金融的监督管理，证监会负责股权众筹融资和互联网基金销售的监督管理，保监会负责互联网保险的监督管理。

在中国，创新总是在监管空白的领域最有可能突破，而官方的认可总是以事后追认的形式存在。例如支付宝从 2003 年诞生，直到 2011 年才获得第三方支付牌照。

创新也意味着风险，监管风险是一方面，市场风险是另一方面。最近两年，互联网金融的另一面开始展露。泛亚、e 宝保、大大之后，显然还会有更多"宝宝""财富"陷入风险，涉案金额也从几亿到上百亿。从媒体报道来看，从快鹿系平台收存资金风险，到北京天恒泰财富涉嫌非法吸存，再到上海中晋资产被立案调查，中国互联网金融在刚刚过去的春天曝出更多麻烦。即使陆金所之类业界领头公司，也放慢了 IPO 的步伐。

上年是小甜甜，现在是牛夫人，说的不是过气网红，而是当下互联网金融乱象，新一轮整治正在开始，也注定未来各类跑路以及调查新闻还会继续。互联网金融开始水落石出。根据行业数据，2018 年全国网贷平台少了 1279 家，全年仅有 55 家平台上线，同比减少 85.8%。当然，互联网金融也有靠谱的，这需要大家睁大眼睛。

问题在于，昔日作为创新典范的互联网金融，为什么如今有沦为骗子集中营的嫌疑？和中国多数行业一样，互联网金融也不幸走上了"一放就乱一抓就死"的治乱循环；其发展路径也遵循资本逻辑，走上了最便利套现的一条路。在互联网金融方兴未艾的时候，部分业界人士将其视为放松监管的不二途径，为互联网金融站台喊话更是屡见不鲜，当时如果对于互联网金融进行质疑，近乎走在金融创新的对立面。但实际上，即使最为领先的互联网金融公司，在某种程度上也只是银行信托的变体，昔日创立之初，改革金融系统、解放金融抑制等华丽许诺不过尔尔。

对于监管机构而言，对已有金融机构分类监管已经相当完善，当互联网金融出现之际，更多是以观望态度观察。这一态势提供了互联网金融行业集体爆发的时间窗口，成为不少人借机掘金的机会。可以说，无论是合法途径还是灰色途径，监管空白也成就了业内业外闯入者公认的黄金机会。

从更大的图景来看，不少互联网金融产品的野蛮生长，本身源自企业与居民被压抑的需求。在金融抑制之下，从企业端看，不少信贷资源被投放给回报率低下的国有企业，导致不少民营企业存在未能被满足的融资需求。从居民端看，现实之中的资产价格暴涨，使得民众对于投资回报有了更高期待，这导致银行存款利息甚至银行理财产品难以满足居民投资需求。于是各类回报率高于10%的信托产品，甚至回报率更高的P2P产品成为近些年的热门之选。

需求和供给都有了。企业与居民两端，双方以往未能被充分满足的金融需求，一拍即合。各类互联网金融产品应运而生，甚至部分互联网金融本身就是作为其股东企业的融资平台之一，隐性肩负着为集团融资解困的目的。存在即合理，中国互联网金融的勃兴繁茂，源自社会自身的需求，然而不可否认，不少产品的本质并非产品创新，只不过是监管规避，以各种非金融身份享受金融业务之便而已。在资本推波助澜之下，互联网金融公司规模不断壮大，门市从热门商圈开到居民小区，从邮件营销到电话营销再到各类名人站台，其活跃程度甚至超过银行。

你可能也看到身边的一些案例。中国互联网金融骗局，渐至有"傻子不够用"的特点。一种说法即是目前各类骗局已经有地方特点，比如上海主要骗老头、老太，在北京主要是骗线上网民，不一而足。互联网金融乱象，实际上也陷入一个中国式"钓愚困境"，聪明的傻子比比皆是。除了自诩精明的各类互联网金融薅羊毛族，有的投资者专注于高回报而忽视风险，甚至在平台公司丑闻爆发后，还希望媒体不要报道，以便拿回投资全身退出。

高得离奇的投资回报率，往往吸引了对风险估计过低的投资人。多数人都以为自己不是最后接盘者，能够在信用崩塌之前及时撤出，甚至在风险爆发之后还寄托于政府出面解决——即使是民企创办的互联网金融企业，在不少投资者眼中也隐性担负了政府信用。无论所谓互联网金融创业者，还是这些机构的投资方，对于这一点也都心照不宣。

投资者的中国式逻辑，看起来难以理解，却不缺乏民间智慧。现实的状况就是当产品购买者人数过多时，出于金融维稳考虑，地方政府有时候真的不得不出手相助。在这一过程之中，事发之前，现存监管条款显然滞后；事发之后，如果政府信用介入，则无疑助长了道德风险。

最近出了不少各类跑路的新闻，怎么看？其中可见监管与市场的双重失败。合法经营互联网金融自然应该与各类骗局切割，但是中间仍旧存在太多的灰色地带，尤其过去的监管真空之中，如何监管互联网金融，关系到如何理解当前金融系统的刚性兑付。

金融就是金融，互联网金融的本质仍旧是金融，互联网只是其拓展形式，也正因此，风险管理始终应该放在首位，即使换上更为高大上的 Fintech（金融科技）之类词语也无法掩盖其本质。在国外，IT 行业颠覆金融业这天不仅没有到来，相反伴随着各类问题，行业自律与监管风声开始收紧。

对于中国而言，"双创"梦想点燃了互联网金融的无数造富愿景。不可否认，移动支付等金融创新确实在改变人们的生活，但还有不少公司实际上是行走在灰色地带。可以说，是以金融创新之名行监管规避之实。金融业的外部性意味着，金融行业本身具备一定公共性，值得谨慎对待。

应该如何监管互联网金融或者各类理财？除了官方要更审慎，民间也要处理。与此同时，除了上对下的监管，媒体与行业协会等平行监督，更应该得到鼓励。

总结一下，互联网金融，也是中国理财的一个缩影。想要高收益，往往就有高风险，所以更多时候，理财产品选择银行，还是相对靠谱的投资渠道。当然，对于个人投资者而言，互联网金融也不能一竿子打死，毕竟还是有一些靠谱机构，还在美国上了市。总之，大家在选择时一定要睁大眼睛。以创新之名，我们已经看到太多骗局，然而防骗的第一要诀就是，过分美好就不太可能是真的。

为什么在中国，理财产品许诺越高，人气越旺？这背后揭示了什么潜规则？经济学上有解释。两位诺贝尔经济学家，根据经济学家乔治·阿克洛夫和罗伯特·席勒的研究，他们发现，即使在自由市场之下，也每每存在各种欺骗行为。如果一门欺骗生意甲骗子不做，乙骗子也会上，所以真实世界存在所谓的"欺骗均衡"。

福利推荐两位经济学家的《钓愚》一书。

## ❷❹ 养老：谁为你买单，你为谁买单

养老，要在平均线之上，主要靠自己。

老有所养，有多重要？"老者衣帛食肉，黎民不饥不寒，然而不王者，未之有也。"两千多年前，孟子对战国一位君主如此宣称他的理念。到了现代国家，养老更是国家大事。

听起来不错，但养老始终是一个令人沉重的话题。2019年，中国社科院世界社保研究中心预测，未来30年我国的制度赡养率将翻倍，2019年养老金当期结余总额为1062.9亿元，不过到2028年，当期结余可能会首次出现负数，为负1181.3亿元。到了2035年，甚至可能出现耗尽全部养老金的情况。等到那个时候，"80后"都还没退休，"70后"也悬着。

养老，要在平均线之上，主要靠自己。不过，很多人看重的以房养老不一定靠谱，房子会不值钱，房子价格会缩水。可以说，以房养老现在已经暴露不少问题，放在将来也不一定靠

谱。所以，对于一般人，还是得关心社会养老，起码还是需要社会给出一个养老金底线。

养老，就是收支要相等，如果结余出现负数，那就有危险了，即使再推迟退休也没办法。好多年前，网上就流行一个关于养老的段子：你需要为养老储存多少钱？假设退休后你每月的开支为 2000 元，从 60 岁开始退休，按照平均寿命 80 岁与 3% 的通胀计算，那么"70 后"需要准备 234 万元，而"80 后"需要准备 314 万元的退休金。

无论是养老金缺口，还是 314 万元的退休金，这些数字在统计方法以及数据处理上无疑都有值得商榷之处，却都揭示了中国式养老的严峻局面。

作为现代福利国家思想的重要产物，养老保险制度最早可追溯到德国俾斯麦政府时期，但它进入中国的历史并不长。

回顾历史来看，众所周知，20 世纪 80 年代之前，中国仍实行相当传统的国家主导的社会保险制度。1984 年之后，中国开始养老保险制度改革，通过部分地区进行试点，两年后各地开始全面推行养老保险社会统筹。90 年代初期，伴随着《国务院关于企业职工养老保险制度改革的决定》，中国决定建立起基本养老保险、企业补充养老保险、职工个人储蓄性养老保险相结合的制度，探索国家、企业、个人三方的养老保险制度。

到了 1997 年，中国政府开始在全国建立统一的城镇企业职工基本养老保险制度，确定统筹兼顾的养老金制度，也就是将养老保险分为社保统筹与个人账户两个部分。什么意思？钱都是你和企业交的，但是一部分进入个人账户，就是你自己的；一部分进入社会统筹账户作为共享。

现在我们养老包袱很重，就是在于过去欠账太多。进入 21 世纪，养老保险制尚在不断完善之中，财政性社会保障开支也在大幅增长。根据官方数据，2018 年全年基本养老保险、失业保险、工伤保险三项社会保险基金收入合计 57089 亿元，比上年增加 8509 亿元，增长 17.5%；基金支出合计 49208 亿元，比上年增加 7228 亿元，增长 17.2%。

尽管看起来收入大于支出，中国养老保险制度仍旧面临诸多挑战。首先，当下中国养老金制度正处于转变通道，也就是处于由现收现付制度转向个人基金积累制的过程中，前者表示同一个时期正在工作的一代人的缴费用来支付已退休一代人养老金，后者则意味着劳动者工作期间收入累计转移到自身退休期间的养老金。

这一转换过程往往存在不菲的漏洞，一方面是已经退休的"老人"，在享受当代人提供的养老资金却没有多大的养老金付出，特别是中国曾经的国企欠账过多；另一方面是因为回报低、异地转换麻烦等因素，正在工作的"新人"往往存在逃避缴纳养老金的动机，所以中国养老金缴纳率偏低——叠加之下，这也形成学者所谓的"转轨成本"。人社部发布的《中国社会保险发展年度报告2015》显示，全国养老金个人账户空账规模不断增长，空账率已超九成。

其次，即使这一转轨完成，中国养老金制度也面临人口结构老龄化的巨大冲击。上海等城市，已经提前进入老龄化社会。

当前中国养老保险基本是三人在养一个人，伴随着人口寿命增加以及人口老龄化趋势的增加，届时这一比例将会持续下降；如果人口政策不做调整，甚至出现一个劳动者供养一个人的尴尬局面，目前尚有盈余的养老金在未来不可避免会出现巨大的缺口。

比起养老金缺口，或许更为严峻的问题在于养老金制度背后的不公。当下养老金制度，也是具有中国特色的双轨制。不少网民说公务员挤占养老金，这是一个误解，因为机关和事业单位另有一套系统——20世纪90年代，虽然机关和事业单位养老金一度动议纳入社保体系，却始终未能成行，导致目前其养老金长期独立于公众之外，直接依赖财政拨款。

你可知道一些双轨制内外的区别？就衡量退休生活品质而言，养老金替代率是一个不错的指标，也就是退休之际领取养老金与退休前数年平均工资的比例。一般而言，公务员退休之后这一比例往往能够保持在 80% 以上。而有学者计算，尽管职工养老金近些年连连上调，但是其养老金替代率仅略高于40%——其间对比，正如马克思的比喻："一座房子不管怎样小，在周围的房屋都是这样小的时候，它是能满足社会对住房的一切要求的。但是，一旦在这座小房子近旁耸立起一座宫殿，这座小房子就缩成可怜的茅舍模样了。这时，狭小的房子证明它的居住者毫不讲究或者要求很低；并且，不管小房子的规模怎样随着文明的进步而扩大起来，只要近旁的宫殿以同样的或更大的程度扩大起来，那么较小房子的居住者就会在那四壁之内越发觉得不舒适，越发不满意，越发被人轻视。"

《中国社会保障收入再分配状况调查》显示，2011 年居民领取的养老金最低为 200 元左右，最高为 10000 元左右。差额高达 50 倍。更不用说，平均养老金水平为 2615 元，低于 2615 元的领取人数占到总人数的 77.3%。

就这样，双轨制之下，事实上将所有人分裂为两个养老阵营：公务员等体制内人员与体制外纳税人，虽然公务员的养老金并不来自公众的养老金，但本质上公务员养老的财政拨款也是源自后者所缴纳的税额。

双轨制的弊端逐渐显现，不合理性、不合法性问题突出。国家已采取多种措施积极推动解决双轨制所导致的不合理差距问题。

　　进一步看，当前中国养老保险制度中，如果按照个人工资总额 8% 计入个人账户，企业缴纳 20% 计入社会统筹计算，比例合计 28%，这一水准已经高居世界前列。表面上，看似体现了"劫富济贫"的社会福利思想，事实上却未必尽然：因为存在三倍社会平均工资的上限，高收入阶层缴纳虽多但有上限，而农民工等低收入阶层缴纳不多也有不少获益，付出回报最不平等的是城市的中下阶层，也就是俗称的普通"白领"，这对于培育一个中产阶级社会并无益处，甚至可能形成一个两头大中间小的 M 形社会。

　　进一步看，在当前不断加剧的生活压力之下，养老保险也扭曲了市场主体的行为，缴纳的养老保险等费用，事实上挤出了纳税人的消费能力，也使得企业的雇用意愿受到打压；而地方养老金常年的 2% 低收益率，远不足以抵抗通胀，无疑是一种财富的浪费，缴纳人却没有足够的权利决定是否退出。

　　养老保险制度是基于对未来的风险管理，也是一个世界性的难题。对于面临多重转型的中国而言，困难尤大。

　　中国式养老困境应该如何破解？养老金不是税收，更不是保护费，本质是一种"羊毛出在羊身上"的融资游戏。一方面，指望当前政府承担起"从摇篮到坟墓"的福利并不现实；另一方面，养老金带有转移支付功能，富裕阶层理应为养老金承担更多义务，他们也能通过稳定社会而获益，但如果改革过

程中让某一阶层承担过大压力也不符合道义和现实，我认为解
决办法应该是让纳税人以及民间有更多的养老选项。

可见，养老保险存在有其必要，但是方式应该更改。就养
老金而言，其基本原则在于人道主义与效率。从构建人道主义
底线而言，社会与经济都将付出一定代价，这确实是一个普遍
难题；从效率角度而言，养老金制度天然有无偿转移支付的设
计，某种程度上需要有政府来承担中间人的角色，但如果个人
在养老金账户上能够发挥更大的作用，无疑有利于养老金账户
的高效运作。

未来怎么办？在养老金分配效率遭遇争议，养老金偿付能
力倍感压力的现实处境之下，我觉得，国家主导的基本养老保
险比例不应该过高。无论个人的缴付比例还是企业的缴付比
例，都应该适当降低。太高的比例，即使看起来是企业缴纳大
头，也是算在个人的用工成本里的，同时对于企业来说也是很
大的压力。合理的比例，以维持基本生活水准即可，而且公务
员和民众应该统一水准。与此同时，在基本保障之外，应该拓
展多重投资渠道，让公众可以自主选择企业年金、商业养老保
险等辅助工具。

更重要的是，养老金的双轨制应该逐步取消，一方面这是
重塑社会公正的起点，另一方面，养老成本转变，也是社会共
同分摊转轨成本，有足于弥补养老金成本；至于养老金的缺

口，本来也与国企历史欠账有关，转轨成本应该是国家承担的义务之一，目前或许正是国企用分红甚至股权反哺大多数沉默的股东，也就是人民的大好时机。对此不少学者已经有过研究，学者马骏曾经计算，如果逐步划拨 80% 的国有股份到社保系统，并在 2020—2050 年提高平均退休年龄 7 岁，这样的话，将能使养老金账户累积结余持续，到 2050 年，年度养老金收支也将保持基本平衡。

总结一下，我们这一章谈的是财富。其实财富，最终是为了大家改善生活。有人认为，赚到钱的，能用掉，才算你的。

推荐阅读《百岁人生》这本书。我们常说人生苦短，也苦长，你的职业、生活圈、专业，随着时间都在不断洗牌。我们这代人，要做好自己退休后还要继续工作的准备。所以，有远见的人，应该尽早投资自己，挖掘新的方向。未来是一个不确定的时代，无论人民币如何，养老金怎样，都应该有所准备。下一章，我们会谈谈趋势。

# FUTURE ECONOMIC 30 KEY WORDS

## 趋势对策 第五章

中国未来如何走

## ㉕ 风险：沉默通缩还是喧嚣通胀

> 未来的情况，随着经济下行，中国通胀的风险不
> 大，反而是通缩的可能性更大。

很多人都在问我：未来是否会有通胀？这是个极重要的问题，好消息是我觉得可能性不大，但是坏消息也有，那就是通缩风险却很大。

无须太多经济学的启蒙，多数人都痛恨通胀，我也不例外。对老百姓来说，没有什么比钱发毛更讨厌的事了。近些年，从水果到房子，大家都感叹更贵了，也担心恶性通货膨胀的到来。从历史案例讲，恶性通货膨胀大多数由"印钞票"引发，典型的如 20 世纪中国的金圆券到本世纪的津巴布韦币。就算是头号资本主义国家，美国在 20 世纪六七十年代也经历了通胀狂潮，以至于作为全球央行之首的美联储，在 70 年代之后保持低通胀也成为超过维持就业的政策目标。

不过从中国的情况看，经济增长潜力在过去十年被透支，未来的情况，随着经济下行，中国通胀的风险不大，反而是通缩的可能性更大。

为什么这样说？有时候，经济和历史一样，总是在没有想象力地循环。中国通胀与信贷周期繁荣紧密联系，换而言之，通缩或者通胀不停轮换——这种现象，十年前有中国央行监管层形容为"通胀通缩一线天，冷热之间求发展"。这一现象背后的逻辑何在？探究中国经济"一活就乱，一抓就死"的治乱循环背后的本质，少不了货币的这一关键线索：首先信贷繁荣造成了通货膨胀，随着通货膨胀升高、经济过热，信贷开始紧缩，随之而来则是通货紧缩。在这些过程中，无论货币政策还是宏观调控其实都在发挥"积极"作用，只是这些作用某些时候不是熨平了经济的波动，相反是加剧了经济的波动。

回顾一下历史，中国经济比较大的通缩有三次。一次是20 世纪 90 年代末期，一直延续到"入市"前后，一定程度上由此引发了中国输出通缩的国际讨论；另一次很短暂，发生在2008 年金融危机之后的 2009 年；最近一次是 2015 年，对应着全球通缩大潮，和中国十多年前加入 WTO 时候引发的通缩一样，引发了很多讨论。中国被世界通缩还是向世界输出通缩？这不是一个简单的问题，海外的观点主要为中国的通缩风险波及世界，而李克强总理在《金融时报》专访时，强调中国是

"被通缩"。

应该怎么看通缩产生的根源？一旦国内出现问题，则将根源引向国外，这是一种固有的思维习惯，即使美国也不例外，比如对中国制造、人民币汇率的抵制等。我的观点在于中国与世界之间，通缩必然是一个双向影响的关系。

175

不论源头在外还是在内，对于通缩我们都要重视。老百姓可能不是很理解通缩的危害，往往不是感觉无关痛痒就是好事一桩。就算是中外各种货币银行学教材中，关于通缩的章节比起通胀来也少得不成比例。即使饱受二十年通缩之苦的日本，在 2009 年一次民意调查中，44% 日本人表示通缩有利，两成略多的人表示通缩有害，其余则是中性态度。

那为什么日本人会欢迎通缩？公众往往从消费者的角度思考问题，觉得物价下跌挺好，就像那个关于大萧条的段子"大萧条也没那么坏，如果大萧条期间你有工作的话"。

问题在于对生产者而言，通缩往往意味着更稀薄的利润、更沉重的债务、更稀缺的信贷资源——旧债务名义价值不变，在通缩情况之下相对于过去实际是增加的。而生产者如果感到压力，那么对于其员工甚至整个社会而言，并不会有好结果，收入停滞、失业甚至萧条往往也会接踵而至。持续通缩也意味着一个持续加速的"流动性陷阱"：即使再低的利率，人们都不愿意消费、不愿意投资，而是愿意加大储蓄，这就意味着市场以及经济将进一步衰退。这意味着在一定情况之下，人们都会将手头的现金纷纷窖藏起来，无论存在银行还是埋在床下，效果基本差不多。

流动性陷阱是经济学大师凯恩斯在大萧条之后提出的一个假设，却在今天的日本乃至欧美部分成为现实，他对经济的洞察在几十年后的今天仍旧具有现实意义。

回到中国，眼下暂时没有流动性陷阱的危险，但是货币政策意义在于塑造适合的货币环境。通缩已在门口，那么中国应该如何应对？必须防患未然警惕通缩风险。从此意义而言，2015 年以来的连续降准只是开始，未来还将继续降准，乃至降息。这不仅在于经济内在需求，也是货币政策尤其是存款准备金回归常规化的必经之路。存款准备金更多是制度后产物，在当下已经不那么适用。在现代央行制度之下，植根于金银本位的存款准备金制度意义就像是已经退化的"盲肠"，不少国家已经把法定存款准备金降到极低甚至取消。在中国，存款准备金被作为数量控制的工具，比例依然很高。

尽管如此，央行受限于上层的货币政策集体领导制以及公众的情绪影响，行动未必自由。随着"四万亿"投资狂潮以及金融深化等后果，意味着央行对金融系统严格管控的必要性加大的同时，也意味着潜在的疏漏领域不断扩大，近年其各类货币政策创新，事实上也疲态尽显。

无论是中国央行降准还是海外量化宽松，不少评论表示是在"放水"乃至"印钞票"。但是，我们看经济，应该看本质。事实恰可能是反面，这些政策出台都是为了预防通缩。除了经济学家认同通缩的危害，政策制定者更是深有感触，例如IMF前总裁拉加德，就将通缩比喻为"食人魔"。这次，我更加认同了拉加德的观点。

总结一下，如果预期到通缩风险，政策可能需要更加大胆。就丘吉尔所言，"我从不担心行动的危险，我更担心不行动的危险"。对抗通缩，应该有所准备。关于通缩问题，可以看看美国经济学家辜朝明的研究。

推荐阅读他的书《大衰退》。

## ❷❻ 中等收入陷阱：宁高宁的乐观与楼继伟的悲观

> 出路何在？具体方案很多，更为重要的是凝聚
> 共识。

什么是中等收入陷阱？这一名词最早来自世界银行，在 2007 年发布的《东亚经济发展报告》中，首次提出了"中等收入陷阱"的概念，即鲜有中等收入的经济体成功地跻身为高收入国家，这些国家在进入中等收入阶段后，一方面经济增速下滑，另一方面还面临工资上涨压力，于是不仅无法与价值链上游的高收入国家竞争，同时面临来自更低收入国家的竞争，挣扎之间，社会也备受煎熬。

为什么聊这个话题？是因为这可能是中国的一个坎儿。在 2019 年夏季达沃斯论坛上，企业家宁高宁表示，中国可能已跨过中等收入陷阱。不过，在 2015 年，官员楼继伟却说了不同的看法。他指出中国存在一种前景，"即今后的五年十年，

滑入中等收入陷阱的可能性非常大，我甚至觉得是五五开"。
从某个角度讲，楼继伟是说了一句大实话，指出了房间中存在
已久大家却视而不见的"大象"：中国经济中期潜在增长力下
滑，未来有可能陷入中等陷阱。

　　宁高宁的乐观与楼继伟的悲观，怎么看？我觉得楼继伟可
能对。从学术角度，"中等收入陷阱"是否存在有争议，但从
现实角度，中等收入陷阱不啻一种有效的总结。以往中等收入
陷阱更多出现在拉美以及东南亚、中东等地，随着中国在近年
迈入中等收入阶段，压力骤然增加。在中国语境下，"中等收
入陷阱"这一词语几乎涵盖了中国经济社会政治转型的多重
现象，从经济潜力下滑到投资收益递减，从腐败滋生到贫富不
均。就某种意义而言，中等收入陷阱如同"新常态"等话语，
代表了中国在转型期间的集体焦虑与选择迷茫。中国能否跨越
中等收入陷阱这一命题，本质上是又一次追问——中国向何
处去。

　　楼继伟不是一般意义上的政府高官，他其实也是中国改革
开放战略的具体执行人。从20世纪80年代起，他与吴敬琏、
周小川、郭树清等人提出中国经济体制改革"整体设计"方
案，在90年代朱镕基时代参与推进了分税制改革。他很大程
度上也留存了朱镕基式的干练与直率；这种风格可能会冒犯一
些人，但也能成就一些事。

　　楼继伟的发言透露了什么信息？首先，中国决策层对于中长期潜在的经济下滑，已经取得了更多的共识。这也可以从高层最近一两年的诸多表态中看出端倪。未来这种预期的分野，不在于高层，更多在于民间，某种意义而言，如何管理民间对于经济增长、收入增长的预期，其实比起过去一味提高预期的表态更为务实。早在 2013 年的履新时刻，楼继伟就曾表示政府不能只要碰到民生问题就都去做，否则财政不可持续，承诺过多而收入不够，中国会走进中等收入陷阱。

　　其次，这些年过去了，留给中国经济的时间更少了。随着中国万亿地方政府债务置换方案的出炉，鼓动中国央行出资购入地方债的"中国式 QE"之声四起，几乎所有努力都放在让政府更有钱上，而让政府收钱、花钱更守规矩的改革却举步维艰。在嘈杂的声浪中，众所周知的是，财政改革是未来改革的核心要素，楼继伟的压力可想而知。

　　按照楼继伟的概括，中等收入陷阱实际上是停滞陷阱。楼继伟的悲观基于他对于实体经济的体察，将当前经济的阶段性特征总结为"三期叠加"，经济增速换挡期、经济结构调整阵痛期和前期刺激政策消化期。这一判断并不算出人意料，事实上，这正是十八大以来中国最高决策层对中国经济问题的总体诊断。

　　以往支撑中国十年两位数经济发展的主要因素正是低成本

人力、制度改革、加入 WTO 红利，而如今这三大因素红利已经消耗殆尽甚至变为劣势。从未来 30 年的时间周期来看，基本面已经改变，观察视角主要体现在三点：刘易斯拐点、人口拐点、债务周期的结合。刘易斯拐点的到来意味着以往无限量供应的农村闲置劳动力消耗殆尽，人力成本急剧提升，而人口拐点到来意味着青壮年的减少，城市化动力不足以及养老成本飙升。

如果上述两点的核心都在于人口，揭示中国未来 30 年，将进入未富先老的格局，那么债务周期则昭示了即将到来的金融危机隐忧。中国债务风险在过去被低估，部分受旧有思维模式的影响，毕竟以往亚洲模式特点之一正是居民大量储蓄而企业大量借贷。如今情况则有所不同，2008 年刺激政策之后的 10 年，中国企业以及政府负债急剧攀升。包括企业与家庭在内的中国非政府负债与 GDP 比例在 2015 年之内已经超过美国和欧元区，比例从不到 120% 到目前超过 200%。

与此同时，居民储蓄随着存款搬家、金融脱媒而增速大减。随着即将到来的利率市场化等金融自由化举措，中国债务压力将持续增加。如今关于债务的讨论，大多纠结在债务的置换与转移，而债务的核心问题不仅在于债务如何筹措，更在于债务对应的资产质量，如果是好资产那么偿还自然不是问题，如果是坏资产，那么无论谁来接盘都注定难以盘活。

用大白话总结一下，前景不容乐观，以往廉价储蓄推动的投资狂潮告一段落，而曾经无限挥霍的债务将面临终极偿还。

可以说，低增长已经成为新的全球景观，从中国的中等收入陷阱到欧美热议的长期增长停滞，某种意义上代表了东西方的一种趋同，本质在于双方都在经历金融危机之后的修复。根据罗格夫等人的研究，规模较大的金融危机往往有二次探底，而恢复到危机之前的水平往往需要 8 年左右的时间，如今世界经济仍旧在疗伤。具体看中国的情况，和欧美有些不同，中国并没有在金融危机核心地区，经济也率先反弹。中国在金融危机之后强力出手"四万亿"政策，在使得中国 V 字形反弹的同时，事实上使得中国未来的政策空间急剧缩小。从某种意义上而言，以往的挥霍性投资造成了今天的诸多问题。

出路何在？具体方案很多，更为重要的是凝聚共识。那就是法治政府以及有序市场。事实上，楼继伟在 2013 年高层发展论坛已经谈得更为彻底，他谈及对"包容性增长"的理解，背后正体现了财政改革的思路。他是这么说的，关注发展机会的创造，而不仅仅关注于结果。争取使每个人都能根据自身的条件获得发展的机会，通过自身的努力得到发展，享受发展的成果，国家适当地提取财政收入，实施适当的再分配政策，主要是创造公平的发展机会，让市场发挥资源配置的基础作用。通过这种办法、这种途径充分就业，人民的幸福感才会强，经济增长率才会是增高的、是可持续的。此外，要尊重和保护市场机制，政府提供必要的公共服务。

回顾中国现代经济，无论以往金融危机后应对经济增速的下滑，还是更早的历次宏观调控，短期恢复效果明显，但是从深化改革的中长期视角而言，强力干涉经济冷热周期很可能加剧了经济结构扭曲。从改革角度而言，这是失去的十年。从哪里跌倒就要从哪里起来，以低廉信贷存活的僵尸企业以及过剩产能不会随着时间而自我消解；清理刺激的后果，正意味着需要将以往推迟的改革进行到底，让该破产的企业破产，该退出的政府退出。

当楼继伟这样说的时候，是 2015 年。中国 A 股彼时正在迎来一次新的全民狂欢，市场也不乏"经济不起，牛市不止"的说法。那么，这轮泡沫化牛市的尾声，将以何种方式结束呢？现在我们看到了。

总结一下，记住过去的错误，接下来才能走正确的道路。说到底，中等收入陷阱或许并不是最坏的一种。

推荐阅读斯蒂格利茨的《东亚奇迹的反思》。他曾经担任世界银行首席经济学家，对东亚有很多观察和独到的见解。

183

## ㉗ 法治：依法治国的经济视角

现代经济的本质是风险与不确定性，而法治框架的存在长期来看，对于参与者以及监管者都是降低不确定性、培养稳定预期的基础。

财富，市场，其实都很脆弱，都需要捍卫；法治，就是说它们都需要保护。这不仅关乎经济运行状态，也决定了经济发展的方向和可持续性。

经济离不开政治，而政治总是妥协的产物。官方文件中，也多次提到了依法治国。依法治国很重要，大家要注意一个区分，是法治（rule of law），治理的"治"，还是法制（rule by law），制度的"制"。对此区别法学家们贡献了很多意见，那么从经济学角度如何看法治呢？

法治或者法律，目的是什么？按照英国哲学家约翰·洛克的看法，法治一开始就与个人产权息息相关，"法律的目的不

是取消或限制自由，而是维护和扩大自由。这是因为在所有能
够接受法律支配的人类的状态中，哪里没有法律，哪里就没有
自由……一种处分或安排的自由，一如他所列举的那些包括对
他的人身、他的行动、他的所有物以及他全部的财产的处分，
乃是法律所允许的自由；因此，在这样的法律下，他不受其他
人的专断意志的支配，而是能够自由地遵循他自己的意志"。

　　怎么看洛克的理念？从历史来看，洛克的看法符合事实。
历史学家萨缪尔·芬纳指出，早在中世纪，争取自治的力量往
往来自城邦的市民，不少城邦从本质而言就是反封建——当
然，从我们前面的内容，你已经知道，这里的封建是表示西欧
的领主。为什么会这样？这些作为自由人的市民，他们是有产
者，所以才有地位，享受"城市的空气带来自由"。他们天然
符合上述洛克论述的"个人"的条件与特质，"他是自己的主
人，他是其全部所有（生命、自由和财产）的主人"，为自己
也为社会争取到越来越多的自由。

　　现代经济的本质是风险与不确定性，而法治框架的存在长
期来看，对于参与者以及监管者都是降低不确定性、培养稳定
预期的基础。从历史看，尊重个人产权的法治体系在西方诞
生，不仅是中西大分流的结果也是其原因。回看历史，西欧的
兴起在 1500 年仍旧毫无端倪。人口作为前工业时代衡量社会
繁荣程度的一个指标，姑且不说中国，直到 1750 年整个欧洲

人口仍不及印度，日本在 1600 年人口也接近 3000 万，那么欧洲人为什么在东西文明竞争中后来居上？

坚船利炮的表象之外，其实是制度在起系统作用。1500年前后，发生了什么戏剧化变化历史学家各有说法。但历史学家指出，大部分国家，无论专制的明清还是出现议会的英国，当时已出现常驻军、专门官僚机构、中央财政集权、贸易网络、外交对话等"走出中世纪"的新事物。但是要注意，使得西欧与众不同的地方，在于其"守法性"，这成为其稀缺竞争力所在。从世界意义上而言，正是这种类似法治的精神传播，使得传统国家转向现代国家成为可能。

对比之下，西欧之外与西欧最为接近的是日本的幕府统治，尤其是德川幕府：天皇作为名义统治者，将军或关白作为全国实际统治者，各个大名小名是其封臣，实际上也成为自家土地的领主。这看起来与欧洲封建领主制非常类似，当然表面的相似也难以掩饰其本质的不同，那就是日本统治中的非契约性。换言之，在日式封建关系中，只有垂直的关系而没有平行的关系，地方领主在中央统治者面前并没有多少权力可言，更不可能出现类似西欧解决国王与领主争端的领主法庭之类，任何越级行为都要付出极大成本。这种日式统治之中，有类似"警察国家"的法制，却没有机会孕育法治，忠诚往往维系于个人，整个体系其实非常脆弱，进而又导致德川幕府统治制度的设计处处充满不信任，结果自然并不会诞生真正的领先文明，反而导致日后的闭关锁国以及落伍。

法治秩序建立之中，政府行为是重要的因素。即使自由主义旗手哈耶克也强调："重要的是政府活动的质，而不是量。一个功效显著的市场经济，乃是以国家采取某些行动为前提的；有一些政府行动对于增进市场经济的作用而言，极有助益；而且市场经济还能容受更多的政府行动，只要它们是那类符合有效市场的行动。"政府行动对于自由市场有益还是无益？准绳之一正在于法治，"欲使自由经济得到令人满意的运行，遵循法治乃是一个必要的条件，却不是一个充分的条件。然而，这里的关键问题在于，政府所采取的一切强制性行动，都必须由一稳定且持续的法律框架加以明确的规定"。

在这样的法治框架之下，理解何为法治之下的法律，也有了不同的含义。学者林毓生是哈耶克的弟子，他上次在上海演讲，谈到法治下的法律，必须符合两个条件：第一是普遍性，意味着没人可以例外；第二是抽象性，它不为任何人或团体的具体目的服务。唯有满足上述条件，法治才不是专断的法律。

法治或法律，和任何文明产物一样，并非无源之水或者页白纸。任何制度都是历史与现代碰撞积淀的产物。

按照经济学家诺斯以及吉莲·哈德菲尔德等人的研究，法

187

治的规范性特点往往被总结为一般性、稳定性、客观性、公开性。

这些因素，意味着法治的建立，往往是从一种旧的均衡，过渡到一种新的均衡。成功引入法治秩序需要注意两点。首先，各个阶层尤其是中产阶层都应加入法治秩序；其次，法治秩序本身应该符合激励相容的原则，"尝试实施一套看似精心设计的法律规则体系，可能会因为独特的权威条件而失败。如果人们不能确定其他人是会遵守新的制度，还是会坚持旧的规范体系，那么激励相容条件便失效了"。

这是一个变化的时代。种种纷纷扰扰的争论，代表了面对转型时的不同观点，很多问题或许都可归结为政治学家福山的提问，即，现在最大政治担忧在于如何建立与维持有效的政府体制，强大而遵守规则，且承担责任。福山的解决方案在于三要素，把国家（the state）、法治（the rule of law）、负责制政府（accountable government）结合在稳定的平衡中。听起来简单，可惜现代政治不是热狗三明治，上述三点的有效结合堪称奇迹，毕竟我们看到过文明的终结，也看到过太多失败的案例。社会转型殊不容易，是集合各阶层努力的合力，观念与利益的冲突无处不在。

我说过很多次，回顾历史是为了关照当下。中国改革四十多年，历程可谓筚路蓝缕。从小岗村之类边缘革命起步，再到

92 派企业家野蛮生长，再到加入 WTO 前后的全球化冲击，最后则是今天经济体量膨胀之下的多重转型。看起来很艰难，但是本质的成功，并无秘诀，正是在于释放市场经济的活力。从制度而言，本质上从游走于无法可依甚至违法的灰色边缘，转变到今天有法可据、违法有责，其中进步自不待言，但实现从法制到法治的跨越，仍旧在路上。

对于中国大多数精英或中产软阶层而言，如果既有制度没有妨碍他们的生存发展，那么不少人也能接受现状。毕竟，其中大部分人，可谓时代的得益者。但是从前述内容里，你是不是也认识到，利益需要制度保护。那就是说，如果没有法治的推进，选择性的执法将使得每个人的权益都有受损的风险，更不用说个人权利了。那么，法治的需求就会被唤起。

总结一下，社会变革维系于理念，而理念的变化需要时间培育。亲历改革的经济学家吴敬琏等人探索多年，最终与法学家江平等人达成理念共识，那就是，市场经济就是法治经济，仅仅有法律并不等于法治。

推荐经济学家诺思的书《暴力与社会秩序》。读了，你会理解，为什么我们需要国家，而国家需要法律，尤其是有法治的法律，这里自然是治理的"治"。

## ㉘ 创业：首富马云启示录

> 回头来看，阿里的成功，对于思想界也是一次
> 颠覆。

在机场经常能看到和马云有关的鸡汤书。从他的成功，很多人希望看到中国创富的密码，也希望看到中国经济的起起伏伏。这个男人成功的背后，并不完全是偶然，除了成功学鸡汤，也有经济学逻辑。

马云在 55 岁时退了休。回想 2014 年，中国电商巨头阿里巴巴上市。当时阿里内部人手一件的 T 恤正面标语如是写道，"梦想还是要有的"，反面是"万一实现了呢"。据说，马云也是穿了一件类似 T 恤，开启了阿里的美国上市之旅。可以说，他就是那个"实现了"的"万一"。随着阿里巴巴完成当时历史上最大首次公开发行（IPO），融资规模达到 250 亿美元，上市当天股价上涨超过三分之一。

马云，阿里巴巴的创始人，成为中国首富。此时此刻中国梦和美国梦似乎合二为一，一个普通甚至被渲染得过于普通的英语老师在科技时代的逆袭故事，堪称中国合伙人的现实版，满满的正能量，的确适合传播。

马云的故事，也是一个中国故事。阿里巴巴和马云的成功，是中国互联网经济成功的一个缩影，从经济学角度不是不可以解释。马云的成功是小概率事件，但并非偶然，有三大原因。

首先是中国经济崛起，体量决定了规模，而规模最终决定商业。阿里巴巴之前的 IPO 纪录保持者也来自中国，这带来了极大财富的想象空间。胡润财富排行榜当家人胡润对此也表示难以想象："中国 1000 多位上榜企业家的财富总和都超过了西班牙或韩国整个国家的 GDP。十年前中国只有 1 个百亿富豪，今天都有 176 个了，其中 6 个都是上千亿的。"

马云在香港路演期间，曾表示阿里巴巴不是一家来自中国的互联网企业，"而是恰巧生在这里"。但事实上，人很难超越自己的时代。大时代面前，无论顺势还是逆势，幸运还是背时，个人付出的很多努力都只是布朗运动，也就是说，多数人就是大趋势的小浪花。

中国的广袤市场以及中国经济崛起的大背景，成就了阿里巴巴。很难想象，阿里巴巴在别处能够有相同的机遇。阿

191

里上市之后，阿里巴巴很多人都财务自由了。外号"军师"的曾鸣的一个朋友，曾经聊起和曾鸣的一次谈话。曾鸣对朋友说，"我现在在想一个问题，是做中国最好的教授，还是去企业里做一番大事业"。这席话让当时还在美国兢兢业业追求终身教职的朋友"雷倒"。如今，朋友感叹这就是时代的机遇，"因为在美国既不可能做全美最好的教授，也不可能去企业里做一番大事业"。

阿里巴巴之前 IPO 纪录保持者，是中国农业银行。这个对比很有意思，从国有企业到民营企业的 IPO 桂冠接棒，分别映射了"中国奇迹"的两副面孔：一方面是国有资本重组兴起，昔日不被待见的中国银行业如今体量已经进入世界前列，另一方面则是民间资本勃然兴起，正如互联网领域中的阿里巴巴。

其次，新技术的各样革新，带来了新的机遇。即后发国家，确实存在弯道超车的可能。阿里巴巴打败 eBay 正是后进者的一次赶超。中国互联网受益于广大国内人群以及国外竞争对手的备受束缚，加上后发优势与自我创新，终于超越房地产行业，为本土富豪成长提供了最大的空间。根据那几年的中国百富榜，涉足互联网的富豪在该榜前十名中已有五席，占据半壁江山，一度上榜的房地产大亨中，三分之二已经不再出现。

最后，马云本人的特质自然也权重不轻。我们知道，市场经济的"灵魂"，就是企业家。而企业家的职能就是实现创新，无论从 0 到 1，还是从 1 到 100。

网间流行的各类真假励志段子背后，不难看到马云的坚持，就像他自己对创业艰辛的解读与自况："创业其实是很艰辛的。我一方面鼓励大家创业，另一方面我想告诉大家一个很现实的问题：100 个人创业，95 个人死掉，你连声音都没听见，你根本不知道这 95 个人存在过。还有 4 个人，你是看着他们死的。剩下这 1 个人，这个人很勤奋但未必是最勤奋的，这个人很努力很聪明，但未必是最聪明的。有很多的机缘、有很多的因素使得他成功。"

这就是企业家精神的体现。而阿里巴巴梦一样的 IPO，背后也体现了中国经济社会的改变。阿里巴巴对于中国商业生态的改变，典型体现为阿里巴巴上市时的八位敲钟人：奥运冠军兼淘宝店主劳丽诗、阿里巴巴"90 后"客服黄碧姬、淘宝模特兼自闭症儿童教师何宁宁、农民店主王志强、海归创业者王淑娟、拥有"淘宝博物馆"的十年用户乔丽、为贫困地区建立图书馆的快递员窦立国、将加州车厘子卖到中国的农场主彼得·维尔布鲁格。

这一精心选择的阿里用户群像，除了展示公司形象，更展示了一个关键点：电子商务如何改变了中国人的日常生活，从衣食住行到身份存在。

市场，在网络上以最直观的方式展示，无数不认识的人彼此进行陌生人的合作，而无数闲置的劳动力及其创造力被激发，无数被禁锢在中国"单位"之中的个体获得新的身份："网店店主"。这不仅是经济上的解放，也是社会组织上的解放，原本灰色的人群如今行走在了阳光之下。这实质上是推进中国法治建设的一大步，给予人人创业的想象空间，背后影响超出表面想象，总理李克强在一次座谈会中，曾经对马云说："坦率地讲，马云同志，你的那些公司，要是按照规定实际上都不合法，就到你网站注册一下就成公司了？现在合法了，我们已经规定了，取消门槛了。"

然而，金钱不能买到一切，即使阿里巴巴确实在极大地改善中国商业生态，甚至是社会生态，成为首富并不能意味着人人都喜欢。马云登顶首富之后，表示对此一点感觉都没有，甚至连小区首富都不愿做，他最快乐的日子是一个月拿 91 元人民币的时候。他还回忆起 2014 年与太太的一次对话，他问太太："你希望你老公成为一个有钱的富豪，还是成为一个受尊重的企业人？"对方回答："希望你受人尊重。"在这里，我不怀疑马云表态的真诚，也不得不佩服马云的远见，在中国，受人尊重和成为富豪确实不是一件事情，成功并不总能自证。

更大的权力与名声，也意味着更大的担当甚至忍耐。万众关注之中，自然不乏争议。商业模式前景、赢利空间上限甚至上市之后管理风险等话题，已经有很多人在讨论。我倒是认

为，阿里的商业模式会随着环境而进化，而"马云现象"的
耐人寻味之处，其实在商业之外。例如马云在海外收获至高殊
荣之际，国内评价尤其是部分精英阶层的评价则并不一致，至
少在社交媒体以及私下场合是这样。

马云是 2013 年英国《金融时报》，也就是 FT 的年度人
物。FT 相关人物报道中就说，"除了中国政府以外，马云似乎
愿意与几乎所有人公开作对"。作为商人，马云的工作足够优
秀，而他的工作事实上也增进了大多数人的福祉，但是要人人
喜欢似乎还有距离。不无吊诡的是，随着淘宝等电商日益改变
中国的大众生活，大众对于马云的评价却矛盾起来。我的个人
感触是，舆论风向在近年，尤其是 2011 年之后开始出现分化，
支付宝事件、李一事件、猎鹿门、移民传言等自不待言，即使
上市成功登顶之日，一众喜庆之中也不乏质疑之声。更不用
说，后来"996"事件与拼多多的崛起。

为什么？我想，可能是文化的冲突，互联网本身有去中心
的趋势。而目前商业模式多是得"草根"者得天下。这种风
格其实与精英文化有着内在的冲突，而高调的理想主义宣言与
极度的现实主义举措之间的反差，往往也令旁观者心生警惕。
另一个原因不那么明显，却也很重要，这涉及价值观。

马云一贯是以生意人的形象出现，号召"和政府谈恋爱
而不是结婚"，同时多次表示用户第一，这已经足够聪明，但

是这种两边讨好的模式能持续多久呢？中国政商关系，以往总伴之以半遮半掩的暧昧态度，如今随着社会步入转折期，不少问题开始有摆上台面的趋势。很多分歧性的话题，重新成为立场考量的标准。比如企业家该不该谈政治等一类话题，今后可能会反复出现。

　　套用中国互联网一句流行语，不以婚姻为目的的恋爱，就是耍流氓。而马云的策略可能也会面临挑战，这映射当下中国舆论的分歧。反观西方民主社会，企业家也会避免讨论争议性话题，避免冒犯任何一方公众，这也许是出于组织生存考虑，例如苏格兰公投，从各大企业在政府督促之后才逐渐表态便可见一斑。

　　耐人寻味的是，一方面不少人认为中国舆论环境盲目膜拜成功，另一方面公众对企业家等公众人物的评价标准，往往又相当高。越高的知名度，便意味着大众期待更高，要求更严。更进一步，正是因转型路口价值观存在分歧，各个阶层的割裂，使得不同阵营都在寻求代言人，争取话语权，对于明确的立场表态的需求也会急剧增加。

　　回头来看，阿里的成功，对于思想界也是一次颠覆。我记得，中国国内一位杂志主编在做阿里封面报道之时，看到了思想界与企业界的隔阂。他说，"我们希望讨论阿里模式，但在采访了众多学者、专家后，真的感觉思想界的认识远远落后于在中国特色市场中摸爬滚打出来的企业。现在是急需思想界跟上的时代"。事实上，企业界对于自身的成长也颇多困惑，任何一个行业成为一个超级巨大的商业生态之后，也就有了自己的生命和路径，这对于管理者、研究者、投资者、监管者，甚至使用者都是空前的遭遇，可借用的组织资源、思想资源非常稀缺，系统分分钟在进化，人人都得学习。

现在中国经济下行压力持续，狂飙突进已经成为过去。未来，转型社会的价值取向也必然走向多元。我们学过《盐铁论》，知道商业可以如何被政府操纵，其结果并不美妙，到今天，企业家在社会转型之中的作用也日趋重大，此时勠力重建社会最小共识，意义重大。

从大历史视角回溯，中国经济四十年为什么高速增长？政府的作用不可磨灭，不少学者就提出"中性政府"一说，又或者地方政府竞争理论。不过，增长的根源，仍在于体制放权引发民间经济体活力。英国《经济学人》刊物，就有文章表示：无数民间经济个体，创造了"中国奇迹"。

总结一下，马云和很多看不见的"马云"，都是中国奇迹的一部分。长远来看，中国经济改革正行走在十字路口。以中国民间企业的企业家精神，足以使其在法治不健全、规则不完备的社会之中，也能野蛮生长，开辟出一方天地。关于经济结构调整，多年来一直呼吁由出口导向转化为消费导向，不仅其成败决定于民间企业之手，甚至中国经济的转型，或许在于此间。经济下行，并不意味着没有机会。从马云的经验中，我们学习到什么？还是要找准机会，没准，下一个拼多多就是你。

马云的传记不少，但是不少都太鸡汤、太"机场"。推荐一个外国人写的吧，邓肯·克拉克的《阿里巴巴：马云和他的 102 年梦想》，有些不一样的视角。

## ㉙ 人工智能：谁来保住你的工作

> 经济的历史揭示，每一次机器的跃升，都会带来
> 生产力的极大进步，也会创造出更多的工作岗位。

谈趋势，恐怕就不能不谈人工智能。

还记得 AlphaGO 对围棋国手的胜利吗？一台冰冷的计算机，轻松击败训练多年的世界顶级棋手。对于围观者的人类而言，就像小说中三体舰队即将到来地球，人类从赛前的自信满满到赛后的失态、错乱以及恐慌。

从"人机对战"的结果来看，作为 Alphabet 旗下的人工智能产品，AlphaGo 已经证明了自己，可以击败人类中的最强者。更可怕的是，它的进步速度是如此惊人，在短短几个月之内可以与自己对弈数万盘，击败围棋国手，而它的升级版本 AlphaGoZero 甚至可以在更短的时间内自我训练，然后完胜 AlphaGo。在此之后，可以说，在围棋这个古老技艺上，人类

已经无法再击败机器。

机器人下棋不是新闻。早在 1989 年，IBM 研制的计算机"深蓝"（Deep Blue）就可以和国际象棋高手对弈，1997 年更是击败国际象棋世界冠军。

如果是这样，那么 20 年之后，为什么这一比赛意义还是如此重大？因为围棋不一样。围棋如果不是人类游戏中最复杂的一种，那么也是最复杂的之一。从算法难度而言，围棋的难度比起国际象棋不在一个数量级层面，按照 AlphaGo 设计方的话说，围棋的变化比"宇宙中的原子数量"还多。AlphaGo 能够迅速掌握这一技能，其学习能力以及智能水平确实令人震撼。如果说过去"深蓝"赢得象棋更多依赖计算，而 AlphaGo 目前已经可以通过大量自我对盘来学习自我评估，通俗地说，"深蓝"是一个专门为计算象棋而生的笨重机器，AlphaGo 则是可以学习围棋以及其他领域内容的聪明的机器人。

此前，AlphaGo 已经证明自己，以 5∶0 的战绩击败了欧洲围棋冠军，而更早几年，IBM 超级计算机"沃森"（Watson）在智力类节目《危险边缘》（Jeopardy）击败了两名世界冠军。这些事件虽然没有李世石、柯洁之败那么引人关注，但是其中逻辑则是类似，即人工智能技术正在成熟，奇点正进一步临近。

所谓奇点（ingularity），这一概念最早来自物理学家、数学家与计算机先驱约翰·冯·诺依曼。他 20 世纪 50 年代就提及这一想法，而最为著名的引申来自美国预言家雷·库兹韦尔，他认为指数式的进步速度将最终使得人工智能出现飞跃，在 2029 年前后，机器智能将赶上人类。而到了 2045 年，人和机器将会深度融合，那就是奇点时刻。

虽然库兹韦尔及其追随者，带有某种狂热的宗教色彩。但就某种意义而言，对照计算机芯片性能翻番的摩尔定律，如果对奇点之类说法视而不见，才会显得有点疯狂。那么，人类水平的人工智能什么时候能实现呢？据说，一次针对两百名人工智能相关领域研究人士的调查显示，有 42% 的人认为能思考的机器将在 2030 年前制造出来，只有 2% 的人认为永远不会发生。

对照现实，机器超越人类，现在看起来还很难。

AlphaGo 赢了，人类则未必输。未来充满不确定性，但末日恐慌则也不必要，如何看待这些景象？

首先，从经济领域来看，虽然互联网文化流行颠覆经济学的思路，但是长期来看，经济规律在未来仍旧适用。短期的冲击不会缺席，最为明显的一点是金字塔尖的工作可能会减少，而且中层原有不少的白领工作将会遭遇淘汰，机器人从打扫家务，下一步将会进化到写新闻稿、审查账目、阅读法律文件，这一天不会很遥远。

但不可否认，人类有乐观的理由。经济的历史揭示，每一次机器的跃升，都会带来生产力的极大进步，也会创造出更多的工作岗位。无论纺车还是蒸汽机，最终社会减少了纺织工人，却在收获更多机织精品之外创造出了更多的其他工作岗位。人工智能时代的逻辑类似，虽然这一过程的曲折程度或许超过预计。AlphaGo 所依据的算法具有极强的通用性，意味着它不经改写就可以应用于别的游戏或者工作。这一通用性有可能让人工智能真正开始具备改写经济业态的能力——就如同电脑技术或者互联网技术改写经济业态一样。我们不难想象，当这一技术与各行各业的需求相结合的时候，更多的创新将会呈现，其结果不仅是效率的提升，而且是人与人互动的方式都可能在机器智能的辅助之下进行，管理方式与商业模式可能再次被改写。

另一方面，这也意味着政府在培训以及补助方面将需要做更多工作，机器人带来的失业潮，最早将会从低端产业开始，中国等人力大国应该尽早做好准备。从未来来看，人类比起机器人的比较优势，可能在于高感性、高创意类。

其次，从社会来看，这一现象的冲击将会更为巨大。经济学家的乐观基于长期，但是老话说"长期来看，我们都会死"，对比之下，短期的阵痛则更为现实。这种冲击不仅仅在于经济层面，更在于社会层面和伦理层面。以失业为例，白领工作的减少，意味着中产阶级赖以生存的基础遭遇动荡，这对于民主制度也会带来潜在的冲击。虽然我们抱怨工作，但不少研究也揭示，人们工作时比休息时更快乐，而且工作带来尊严与社会认同，即使短期失业可以得到经济补助，但是如何给予人们再就业机会以及减少挫折，这将是社会更值得注意的地方。

最后，从未来角度如何审视人工智能？更进一步，人工智能在超出人类智能之后，如何控制？这是一个大话题，甚至也涉及伦理之类极容易被忽略但是需要积极关注的话题。严肃物理学家如史蒂芬·霍金等人，近年就发出警告，能思考的机器将是人类历史的大事件，将这一切仅仅视为科幻可能引发"最糟糕的错误"。

如此来看，围棋之类的游戏并非无关紧要，甚至对于人工智能的问题也变成一个有趣的智力测试：你越早意识到机器比人聪明，你可能就越聪明。哲学家尼采曾经说过，我们使用的工具最终会改造我们的思想，也许最后的时刻，在机器越来越像人的时刻，人可能也越来越像机器。

你可能听过关于人工智能时代的诸多猜想，无论悲观还是乐观。不过，大部分可能都是错误的，但并不意味着这些意见毫无价值。一个开放社会形成的基础，正在于容纳各种公开讨论。也正因此，桑德尔这样的政治哲学家也积极参与基因工程等讨论。人类命运转折特定时刻，需要不同领域的合作，精英的努力和大众的理解或许同等重要。

人工智能时代已在路上，恐慌和无视都不明智。人脑对弈人工智能，输赢仍旧未定。虽然在所有规则明确的游戏中机器都正在展示越来越强的优势，但人类的优势可能正在于规则不确定之下的应对，换言之，人类的动物性是人类最终能否胜出的关键因素。这就仿佛我们在谈论 AlphaGo 之后就迅速将其遗忘了，又开始投入了新的一天。对于普通人来说，除了茶余饭后的谈资，太阳照样升起，但是对于少部分人而言，世界已经与昨日不同。

机器时代改造了知识的定义，也使得职业需求完全不同。从这个意义而言，现在看起来越是专业的职业，可能越容易成为被机器取代的职业，反而创造力和情感属于机器的短板。更进一步，你可能比较关心，孩子应该学习什么？要接触了解人工智能，真的不是逼迫孩子学些粗浅编程就了事，更应该站在时代变化的高度来思考。也许，我们应该让孩子掌握数学语言等基础学科，更好掌握与人的沟通。换言之，通识应该是下一代的标配。

总结一下，在一个迭代不断的时代，关于知识的知识，也许是最重要的知识。推荐阅读企业家王维嘉的书《暗知识》，你会对人工智能有更多的了解。

## ㉚ 趋势：三大变局，相信未来

> 在变革时代需要做明白人，哪怕身处软阶层，对
> 于个体而言，最佳策略是承认现实，降低预期，不放
> 弃希望。

每一年都被经济学家认为是最困难的一年，2020 年也不
例外。早在 2019 年，就有人认为这是过去十年最差的一年，
也将是未来十年最好的一年。对于投行经济学家而言，这一年
也是宏大叙事的一年，往昔的技术指标多少显得有些力不从
心，从中东乱局到石油惊天暴跌，再到冷战博弈，黑天鹅成群
翱翔。对于未来，不确定性不言而喻，分析师们在表示千年一
贯的谨慎乐观之余，一些人求助于周期天王的康波预言，甚至
《易经》也开始登场。

过去，好像每逢八或者九，中国经济总是转折之年。汉字
博大精深，货币政策仅仅"稳健"与"中性"之别，就可以

有不同意义，而"危机"，也总是被认为是危中有机，连中央经济会议亦强调"化危为机"与"转危为安"。作为中国经济的多年观察者，我按照惯例，梳理了三大关键词，分别是贸易纠纷、低回报以及软阶层——这些因素不仅影响了这几年，而且未来会更为重要。

### 关键词之一：贸易纠纷

当下，最大的关键词自然是中美贸易战。我认为，这一变迁自然终将影响中国道路。为什么这样说？因为过去四十多年中国经济的成就，是改革开放的结果。可以说，加入世界经济体系的重要度，不亚于改革经济管理体制的总邀请。因此，贸易战的影响不言而喻。而中美贸易冲突并不是因为一个特朗普上台而骤生，这背后是中国加入世界经济体系后一连串矛盾的集中爆发。

2018年，我参加一个财经电视节目，被要求预测未来最大的黑天鹅。当时，主流意见还是美联储货币政策收紧之类，我则提到黑天鹅可能是WTO代表的多边贸易系统面临挑战。当时，即使专门关注贸易的学者，也觉得这不太可能。谁能想到，不到一年，这一担心早已以十倍之力呈现出来。

全球化潮流涨潮很快，退潮也是。当贸易摩擦初露端倪，并未引发足够重视，甚至认为不过是中期选举前商人总统特朗普的政治小花招。类似的误判，在中美贸易谈判中屡见不鲜，

从误解、理念与利益三向度而言，中美确实除了实质利益冲
突，更在于双方目标差距，二者所理解的全球秩序也并不一
致。在之前的内容中，我强调，中国改革开放后的产业升级与
技术进步，离不开国际经贸秩序的接纳，美国立场转化可谓四
十年来未有之变局。要记住，直到今天，并不是所有人都认为
这是一个重大的变局。

### 关键词之二：低回报

变局，也就是指变化的时局，或者说到了历史变化的节
点，这就引发第二个关键词，那就是低回报。这并不全然来自
外部冲击，而主要基于过去数十年高速增长告一段落的自然结
果。从经济角度而言，中国进入一个投资回报降低的时代。贸
易战，去杠杆，L 形增长，可能都是媒体头条的关键词，但是
对于大国小民而言，更重要的不是一时一地的热门新闻，而是
应该把握经济的长期趋势变化，这与企业经营、个人职业、未
来人生都息息相关。

经济投资回报率降低，从企业到个人层面，都会有所波
及。德意志银行一份报告显示，2018 年全球 93% 的资产都在
跌，堪称 1901 年有记录以来的最高比例。

即使火爆的共享经济，也暂时告一段落。从滴滴被管制，
到自媒体春天结束，再到岁末落叶中无人看管的残破共享单
车，都是这个时代创业窘境的最佳写照。对于关注国内的投资

者而言，中国散户投资者对于 A 股几次大跌应该记忆犹新。而更隐蔽的变化来自 2018 年资产管理新规。这一规定在打破刚性兑付的同时，也就意味着未来一路向上稳赚不赔的时代已经结束了。这些变化，不仅影响依赖刚性兑付的金融机构与企业甚至投资人，更重要的是意味着风向已经转变了，"容易钱"的时代结束了，谨慎好过乐观。

### 关键词之三：软阶层

如果贸易战冲击意味着国际秩序的变化，经济低回报意味着中国经济趋势的拐点的到来，未来，我们将迎来一个软阶层社会。软阶层之软，在于根基不稳，而中等收入群体诞生之短本身就注定其"中惨"命运。如果我们真正相信时间的价值，那么更不应该过于功利地臆想抢跑与逆袭，更应该关注如何从自己做起，营造一个更透明竞争的环境，更应该相信的是自我改变的可能性。

当 2018 年，我首次提出"软阶层"这一概念的时候，一些人觉得，这就是在谈社会不平等加大。事实上，软阶层要点并不是谈阶层固化或者不平等，而在于阶层下移——所谓软阶层的软，我曾经在"徐瑾经济人"公号和社群列举了十一个特征，此处不再列举。其中最大的特征在于，软阶层们的中产地位，地位根基不稳。

未来，中国的中产将会更加焦虑，但多年后，他们会明白，耽于焦虑也是一种幸运。一些人当时不理解最后一句话，好像听起来有点矛盾，现在当现实遭遇挫折，大家逐渐明白，如果过去中国中产的焦虑往往来自小富不安，那么未来他们的焦虑则更多来自如何保持自身阶层不落伍。

未来，对于刚刚变得相对富裕的中国城市中等收入者而言，将会有更多人步入软阶层境地。未来面临的宏观环境并不那么友善，往昔之日加大杠杆就能获得高额回报的幸运时代基本已经告一段落。大时代发生变化之际，如果还在梦想逆袭之类，那么很可能不仅焦虑，而且会继续上缴智商税。

这三大关键词，意味着什么？

从投资的角度来时，就是追随趋势。玄乎点说，人生就是一场康波。用中国人熟悉的话说，要认命。就像一个朋友在"徐瑾经济人"留言，"一个人若是生在可以持续几十年的经济高速增长期，大抵都会被社会整体的发展拖着不断改善，若是生在一个长期低增长（滞涨）的环境中，则大概会被不平等、民族主义、种族主义、战争这些消极因素长期负面影响"。

总结一下，在不确定时代的节点，无视宏观的，多是妄人。就算你是大英雄，也不能不迎合时代。所以还是认清大势谋求最优结果，或者次优选择。你，虽然无法改变宏观，但是可以通过认清大概趋势，来改善自身决策。在大历史回归的当下，小概率的黑天鹅、灰犀牛事件已经不再新鲜，预测未来也成为危险之举。2018 年中国国内顶级券商的分析师，十个预言被认为错了九个半。

你我皆凡人，谁也没有水晶球，然而太阳底下无新事，一切发生的，不过是曾经发生的事情的变奏。在时代变化的关键节点，即使对于专业人士，也未必能够感知，看明白的永远是极少数人。多数人只是被动地在时代大浪上下翻滚，少数人可以成为时代浪潮一星半点的浪花，即使占尽风头，也不过片刻。在变革时代需要做明白人，哪怕身在软阶层，对于个体而言，最佳策略是承认现实，降低预期，不放弃希望。

随着经济下行，"日本化"成为很多财经段子手的口头语，我在东京大学的研究题目就是中日比较，这些年也一直在写日本经济的书。日本化意味着什么，恐怕多数谈论的人并不能准确理解，无论日本经济是否真的陷入失去的二十年，日本当下的社会，对于普通人而言，是能够得到基本保障与尊严的社会。

2020 年开始，如果是经济下滑的开始，这未尝不是一个调整的机会，而不是再次强行扭转趋势。从政策而言，当下更应关注的是，如何不浪费这一次调整的难得的机会。长远来看，一切最终都是公平的，这就像投资家查理·芒格的人生智慧，"想要得到你想要的某样东西，最可靠的办法是你自己配得上它"。毕竟，我们和历史、社会乃至于自我的关系，最终大体都是彼此登对。

推荐一本我的书《软阶层》。这不是制造焦虑的书，而是试图让你别焦虑。只有理解软阶层，最后才能超越软阶层。

期待读者看完本书之后，能够明白，什么是自己可以控制的，什么是自己可以接受的，什么是我们应该可以控制的，比如自我启蒙，积极开始二手人生，也就是人生的第二赛道。

总结一下，我希望大家不仅关注经济与社会，还能够以大历史眼光来回看中国。这样对于时代，对于国家，对于自己，就有了整体框架，谈论当下，也就有了更多底气。

結語

Conclusions

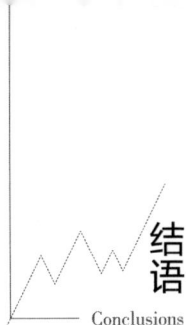

## 后疫情时代的政经大趋势

2020 年，庚子鼠年。是年，以五行论，天干属金，地支属水。

这一年全球暴发新冠肺炎疫情，改变了很多人的命运，而且还将继续改变世界的形貌。

我们步入了后疫情时代，命运定将更加颠簸，从个人到国家都是如此，你准备好了吗？

疫情之中，新闻的变化，以小时甚至分秒计算。每时每刻我们都在经历历史。尘埃尚未落定，未来却已经到来。如何应对被扰动的未来？且让我们从复盘开始，立足过去与当下，复盘疫情的来龙去脉与深远影响，从复工、房价、全球抗疫、央行救市、经济颠簸、企业自救、改革图变到软阶层的未来。

## 一、封锁：疫情来袭

### 初步经济影响

疫情对经济的冲击有多严重？很自然，很多人会用 2003 年非典的情况，来类比 2020 年的情况。先回顾一下非典对经济的影响，非典暴发之前，中国 GDP 增速 2003 年第一季度为 11.1%，暴发之后，当季增速下降为 9.1%，随后两个季度回升至 10%。可以看出，非典对于经济的影响，大概是季度性的 2%，一年的 0.5%；而且在一个季度之后，有所回升。

如果情况类似的话，疫情对于经济的影响，似乎并没有那么大。但是，对于企业员工等实体经济而言，这个春天并不容易过。目前直接受到影响的是企业，尤其是中小企业。这些年经济下行，投资回报率下降，不少企业本来已经举步维艰，面临延期返工甚至裁员压力，即使一些优秀的企业，比如西贝莜面，也对媒体表示疫情致 2 万多员工待业，贷款发工资也只能撑 3 个月。此刻，强硬执行在家办公双倍工资等规定，看起来是保护员工利益，却可能导致企业难以为继，没有人是赢家。

这样，如果仅以非典来猜想新冠肺炎疫情的影响，可能小觑了严重性。目前主要冲击是第一层次，集中于运输、娱乐、餐饮等第三产业。如果进一步冲击，这可能影响到外贸出口等产业，那么对中国经济影响会更大。按照经济贡献，2019 年三大产业增加值占 GDP 的比重分别为 7.1%、39.0% 和 53.9%。无疑，当下第三产业占比更高，对经济影响更大。

此外，值得注意的是，中国经济与世界嵌合度和当年不可比，这一次冲击不仅会影响中国，也会影响世界。中国在过去是全球经济的增长引擎，如今这一引擎动力削弱。可以说，2020 年开局对于全球经济而言，并不稳定。

### 资本市场反应

市场，主要是资本市场，会面临什么影响？

与经济不同，中国资本市场虽然也受到基本面影响，但是往往更为情绪面所驱动。尤其在本轮冲击之前，资本市场本已走高，原本有看高情绪，如果骤然遭遇意外，看空情绪难以避免。也正因此，延迟开市等呼声，一直存在。

无疑，股市开盘之际，下跌压力显然存在。但是这种下跌，带有情绪成分，很可能出现超跌的情况。这种情况，监管层应该有所准备，做出足够的预案。在开市之前，央行已经有了实际行动。2 月 3 日，中国人民银行将开展 1.2 万亿元公开市场操作投放流动性，即使考虑这一周还有即将到期的逆回购 1.05 万亿元，这一操作还是值得肯定的，不仅为市场带来了流动性，也是在稳定投资者。

在 2 月，可以看出，我们对于这次新冠病毒的了解，还是太少。即使不少专业人士的判断，也存在不一致的地方。在信息不够确定之前，恐惧等情绪反应将会放大，市场的情绪反应难以避免。对于一般投资者，可能需要明确的，就是重新问自己几个问题：我的投资是基于什么，情绪还是资产？我的头寸是否足够安全？下跌多少我能够承受？

面对疫情这一突发冲击，市场惶恐是难免的，但不是靠打击卖空就可以支撑的，而应拿出更多实际的政策支持和真金白银。毕竟，最终市场情绪会恢复镇定；但是如果基本面不好，这种恢复也无济于事。

从事后来看，资本市场反应，证明了"信心比黄金还宝贵"这一信念。

## 二、复工，成为经济新战场

伴随着 2020 年农历正月的结束，返程复工开工潮出现。这个时候，疫情之外，对经济的担忧也浮出水面。这一次，战场不是在武汉，而是在各大城市，尤其是其中的中小企业。抗击疫情，经济是新的战场。

如何看待疫情的冲击？首先，从历史经验来看，疫情对于宏观经济的影响，往往体现在疫情暴发那个季度。目前对疫情冲击有不同预测，疫情初期，我在"徐瑾经济人"专栏曾经分析，参考非典以及海外流行等案例，当前疫情对于经济的影响主要在第一季度，折算到全年，对全年经济增速的影响应该在 1%到 1.5%之间。

这种情况下，保经济不可松懈。和诸多医务人员在医疗第一线奋斗类似，企业家也在生产的第一线。没有企业，多数人就业无门，是企业构成了经济的基本元素，尤其是数量众多的中小型企业。它们可以说是经济危机的"金丝雀"，因为它们往往第一个感受到经济下行的压力。宏观数据的轻微扰动，背后对应着无数挣扎在生死线上的企业。

2020 年 2 月初，西贝餐饮集团董事长贾国龙一席公开发言，引发不少关注。贾表示，若疫情无法有效控制，企业账上现金流撑不过 3 个月。这并不是危言耸听，据悉，西贝 400 家线下门店基本停业，只保留 100 多家外卖业务，预计春节前后一个月损失营收 7 亿~8 亿元，同时 2 万多名员工一个月支出就在 1.5 亿元左右。

3 个月的生死线，对于不少人来说也许很意外，但这就是真实世界的残酷现实。西贝已经是非常成功的餐饮企业了，尚且徘徊在 3 个月的生死线之上，其他企业更不用说。根据清华大学朱武祥等人对中小企业的调研，受疫情影响，85.01%的企业维持不了 3 个月的生存。此外，29.58%的企业 2020 年营业收入下降幅度超过 50%，58.05%的企业下降 20%以上。

值得一提的是，大企业目前看起来可以支撑，但是也面临不同程度的压力。这个时候，地方政府千万不能做釜底抽薪的事情，不应该以任何方式增加企业的成本，不论是大企业还是小企业。比如，一些地方政府提倡大企业减免租金，这看起来是善意，但往往又变成企业的新负担——甚至，变相将救助中小企业的成本，转嫁到大企业身上。长此以往，相信，即使万达这样的大公司，也难以支持。

这种情况下，企业如何走出困境？除了自救，也需要政策的支持。

### 权衡复工与隔离

不少地方规定，2 月 10 日复工，同时，返程人员往往又面临 14 天的隔离。因此，不少企业 2 月主要依赖在线办公甚至推迟开工。关于制造业开工难的新闻，已经见诸媒体。除此之外，餐饮、旅游等服务型行业，在第一季度可以说收入锐减。

根据中国社会科学院社会学研究所《企业开工力调查报告》数据，难以承受两周延期开工的企业高达 67.7%，能够承受 1 个月以上延期开工的企业只有 7.1%，能够承受 2 个月以上延期的企业更是只有 1.7%。我和做企业的熟人聊起，他们目前强调都是生意不能停，现金流不能断。当然，不少企业，也在谋求转型线上自救。

这种时刻，政策需要做什么？首先，宏观层面，是给出宽松的环境，在税收减免以及信贷宽松方面，给出实实在在的利好举措。前面说的西贝，根据媒体报道，目前已经获得某银行1.2亿元流动资金贷款。其次，地方层面，应该正视隔离的经济成本，让有条件的城市和地区，有序复工。不少企业表示，除了减免企业的税费以及社保费用，可能最期待的就是允许企业更多灵活用工。

GDP的倒退，仅仅是经济账吗？不是的。GDP不是万能的，但是没有GDP，很多事办不成。GDP的倒退，意味着人民生活水平的降低——其中包含着医疗服务的减少，也会导致病人生命的丧失与人均预期寿命的损失。

春暖花开，"防疫情、促生产"两者都重要，不可偏废。防疫情，是救人。促生产，是守护明天的希望，又何尝不是另一种意义上的救人？

### 三、房价：疫情之下，中国楼市何去何从？

繁华过后，再绚丽的五彩泡沫，也会消散。

面对疫情冲击，资本不会停，市场永不眠。即使在疫情最严重的一季度，房地产商也没闲着，不仅开始采取网上卖房等举措，更是给出各类折扣。房地产龙头之一恒大，打响抢跑第一枪，2020年2月推出75折特大优惠。据悉，三天内认购房屋47540套，总价值约580亿元。

### 降价，跟不跟？

恒大打折不新鲜，而且认购率也不等实际购买率。但是，房地产江湖，又被扰动了。

春节后房地产市场停滞，几近冻结，现在终于开始松动。原本就有人猜测，疫情结束，会有一波房地产商打折；大家没想到，恒大这样的行业巨头，先下手为强，没等疫情结束就开始围猎潜在客户。确实，在一家人老少"六个钱包"买房的格局下，割韭菜，就是要快准狠，否则韭菜根都赶不上。

房地产行业特点是高负债，属于高度的资金饥渴行业，中国房地产企业负债率往往在 80% 以上。也正因此，宏观环境的风吹草动，都会使得企业风声鹤唳。2018 年，房地产企业万科喊出了"活下去"的口号，而这一口号在疫情中成为全行业甚至全国的共识。

因此，房企联合搞线上促销活动，也是不得已。有北京房地产朋友在公号"徐瑾经济人"表示，楼市从市场销售角度看，可以说"一片惨淡"，高端、改善、刚需基本冰冻。此外，受疫情防控、农民工返城难等影响，建设工期将延迟至少两个月。也正因此，他感叹，"现金流是命"——如果销售继续基本冻结的话，融资（无论是固定资产抵押还是注资发债等）和延迟结算支付，将是上半年的主旋律。以恒大为例，按照 2019 年中报数据，恒大负债金额也居于行业首位。如此体量的企业，利息成本是其不得不考虑的成本，1 月恒大美元发债利率在 11.5% 至 12%。

可以说，疫情冲击下，一旦银行信贷以及海外发债受到影响，也将对不少房地产商产生冲击。如果能预先打折出售扩大市场份额，并回笼资金，可以为目前"相对便宜的土地"积极储备资金。

降价还是不降价，对房地产商是一个博弈问题。作为行业强者，率先打折出售，使得竞争对手丧失先发优势，还不得不跟随。对于中小房地产商，未来可能面临更多困境，行业新一轮洗牌难以避免。

这一次，和非典一样吗？提到疫情对经济或者房地产的影响，多数人第一反应就是 2003 年非典。

在很多人印象中，非典之后除了汽车的销售热潮，更有房价的持续上涨。确实，在上海等城市，房地产差不多就是从那个时候开始起飞的，趋势延续十多年，以至于中产阶级的财富分化，好像基本取决于何时上车买房。也正因此，很简单类比的答案就是：如果这次疫情也像上次一样只是短期冲击，不会改变中国经济的未来，那么，自然不会改变房地产的长期逻辑。

不过，类比未必可靠。疫情对 GDP 等宏观数据影响，往往在疫情暴发的那个季度就有表现，最多延续到下一个季度。

但是房地产不同，可能具有滞后性。从房地产附加值来看，在非典暴发两年之后，才回到暴发期的高位。非典是 2002 年 11 月开始，暴发期一般认为是 2003 年 3 月到 5 月，房地产附加值大概在 2005 年第一季度，才回到 2003 年第二季度水准。

不得不说，非典之后的房地产市场，有历史特殊性。20 世纪 90 年代末，国务院发布了《关于进一步深化城镇住房制度改革加快住房建设的通知》，旧福利分房模式告一段落，从此，住房货币化改革进程全面开始。2002 年，国土资源部发布了《招标拍卖挂牌出让国有土地使用权规定》，随着这一政策的推广，地价开始攀升。非典之后，国务院在 2003 年发布《关于促进房地产市场持续健康发展的通知》，房地产业定位是经济发展的"支柱产业"。

我查了一下数据，20 世纪 90 年代上海房价是 3000 元出头，2002 年上海住宅预售成交均价每平方米 4803 元，2003 年第一季度是 5158 元。当时，可以说是软阶层的黄金时代，四大类外企入门工资，就可以保证在上海的体面生活。饶是如此，当年民众已经叫苦不迭，本地民生新闻的标题还是《3500 元以下房子何处寻》。

全国房价攀升的阶段，大概在 2004 年与 2009 年。这与宏观制度环境变化不无关系。到了 2008 年前后，美国遭遇金融危机，拖累不少房企面临困境。当时，恒大也面临巨大压力。

2008 年，恒大原本计划冲刺上市，却不得不在 3 月宣告终止。随后推出的"四万亿"政策，可以说挽救了不少房地产企业——毕竟，只要它们能够撑过最艰难的那几个月，之后就是一波暴涨的走势。

到了今天，京沪核心区域的房价，已有超英赶美的趋势，比肩房地产泡沫时期的东京了。

大赌大赢的心态，资产泡沫的起飞均来自于此。

俱往矣，今日经济已不同往日。17 年过去了，非典时期出生的小孩，在 2020 年已经准备参加高考了。中国经济的阶段也不同了，从血气方刚的少年，变为精打细算的中年人。

2003 年之后中国房价的上涨，是一系列大事件的结果，中国加入 WTO、城市化提速、金融深化等逻辑都在起作用。换言之，大趋势是中国加入世界经济的估值提升，中趋势是以土地财政为驱动的城市化，小趋势则是居民住房改善的渴求。当然还有其他因素，要么不重要，要么比例太小，不值得细说。

如今，中国经济已经到了全球第二，百尺竿头，再进维艰，经济增速告别保 8 保 7 保 6，进入中等发展阶段；其次，中国城市化已经基本完成，按照官方数据，中国城市化率 1990 年是 26.44%，2019 年超过 60%，表面看起来比起发达国家还有差距，背后更多是因为户籍统计的人员的流动。可以说，从人口角度，城市化已经是盛宴的尾声。

至于居民住房的改善，目前状况虽然大家也有一些不满，但比起福利分房时代已经改善不少了。中欧国际工商学院教授盛松成就提出，目前阶段不同了，户均住房已超过 1.1 套，2018 年城镇人均住宅建筑面积已经达到了 39 平方米，是 2003 年的 1.65 倍。

更重要的是，即使改善型住房需求仍旧存在，民众钱包能否支撑，也是重大问题。

**房价未来会如何走？**

疫情之后，房价如何？首先，疫情打击下购房需求彻底消失。我咨询了不少原本有购房意向的朋友，疫情之后，是否还会买房。大概有一半朋友说，会；剩下一半，则表示现金为王。让我印象比较深刻的是一个武汉的朋友。武汉封城的时候，他曾经考虑离开，但最后还是选择和家人一起。不过，在隔离中，他最大的感觉就是房子小了，不舒服，希望疫情结束之后换一个大一点儿的房子。

与此同时，在购房需求之下，购房能力却是难以回避的问题。过去，中国房地产房价再高，也被认为风险不高，一个很重要的原因，就是房贷杠杆率不高。但是这一情况，在这几年内，发生了巨大的变化。根据国际清算银行数据，2014 年中国家庭债务比例只是 35.7%，2019 年上半年已经是 54.6% 了。

这一比例和上升速度，都可以说非常惊人。

更不用说，疫情也是一面照妖镜，过去不少互联网高薪、创业等晕环会幻灭，一批企业会倒闭，不少人收入会下降，甚至失去工作。这个时候，即使有心买房，恐怕也无力还贷。也正因此，比起幻想依靠房地产提振经济，目前更应该考虑，如何为可能而来的房企资金链断裂、买房人断供浪潮做好准备。

短期来看，疫情冲击，会使得房价短期下行。如果有购房打算，在上半年，可能存在入手时机，部分房地产企业可能会为了现金流"割肉"。但是看中期，如果疫情得到控制，货币政策宽松，这对于房价又有什么影响？我认为，通胀可能抬头，但是房价攀升的动力已经不复往日。

早在疫情之前，房价也显疲态。"房住不炒"的口号，从2016年提出，到目前已经三年。按照中国社会科学院城市与竞争力研究中心《中国住房发展报告（2019—2020）》，2018年10月到2019年10月中国楼市实现了"平稳降温"。从价格而言，"同比增幅由2018年10月的9.7%上升到2019年4月的12.5%，随后又平稳波动下降至2019年10月的7.6%"。同时，待售商品房面积由2018年10月的5.28亿平方米逐月递减至2019年10月的4.93亿平方米，同比增速由-12.40%变动至-6.57%。

反观政策，适当宽松无可厚非，但是应该避免骤然转向，这反而不利于引导预期。上面谈到的房地产朋友就指出，政策如果没有大变动，一般人设想的暴涨暴跌就不存在。他尤其强调："请记住，任何时候房产都不是避险资产，因为它变现慢。保值增值请投资自己。"

谁在推高中国房价，一直是个老问题。我曾经说，开发商说是精明的丈母娘，丈母娘们则埋怨黑心中介，而中介们都推给无耻的投资客。房地产，一直是政策、房企与买家的多方博弈，未来依旧是。

问题是，买家的话语权和资源，在这场游戏中，非常弱势。这一趋势，未来看起来也不会改变。问题是，如果潜在买家逐渐萎靡，这个市场怎么办？这可能是未来居民消费能力不足下的现实困境。

一场疫情，不能改变大家解决"住"的本质，但是更多思考，可能应该从此开始。"房住不炒"的真正落实，需要从土地供应、公租房、户籍、城市等多方面入手，这是一个超越经济的问题。毕竟，我们要房子，是为了一个美好的家，而不仅仅是冰冷的水泥与砖头。

## 四、GDP：经济历史性下滑，如何应对？

诗人说 4 月最残忍。可以说，2020 年第一季度，是中国经济最为严酷的一次考验。

单单从数据来看，一季度增长-6.8%，多项数据创下历史新低。这些数据，尤其是疫情最严重的1月到2月的数据，为我们勾勒出疫情冲击下的经济形貌。有什么值得关注的趋势？中国的答案和应对如何？

### 趋势之一：投资整体下滑

如果从传统观点来看，经济有三驾马车，投资、消费、出口。

其中最重要的，还是投资。1—2月份，全国固定资产投资（不含农户）33323亿元，同比下降24.5%。分领域看，基础设施投资同比下降30.3%，制造业投资下降31.5%，房地产开发投资下降16.3%。

经济整体呈现下滑趋势，传统行业表现不佳，1—2月份规模以上工业增加值同比下降13.5%。被不少分析人士寄予厚望的新经济，也并不如预期般表现良好。

分经济类型看，私营企业受到的影响较大，增加值跌幅超过20.2%，而国有控股企业最好，增加值下降7.9%，股份制企业下降14.2%。从服务业角度，全国服务业生产指数同比下降13.0%。其中，能够提供远程服务的行业受到的冲击最小，比如金融业、信息传输、软件和信息技术服务业有所增加，其他行业都有不同程度的下滑。

并不意外，消费也出现了较大幅度的下滑。1—2月份，社会消费品零售总额 52130 亿元，同比下降 20.5%。原本被寄予厚望的网购，也出现下滑，全国网上零售额 13712 亿元，同比下降 3.0%。

出口同样下滑，延续了贸易纠纷以来的走势。1—2 月份，货物进出口总额 41238 亿元，同比下降 9.6%。其中，出口 20406 亿元，下降 15.9%；进口 20832 亿元，下降 2.4%，贸易逆差 426 亿元。

可以说，经济基本盘整体呈现断崖式下滑。换个角度看，这其实也说明数据没有太多粉饰，捍卫了中国统计系统的声誉，也有助于产生好的决策。问题在于，经济下滑趋势会持续多久？

### 趋势之二：通胀抬头

目前趋势在于通胀抬头，尤其是居民消费价格（CPI）和工业生产者出厂价格（PPI）走势背离。这并不是新趋势，但是目前这一趋势继续分化。

按照数据，1—2 月份，全国居民消费价格同比上涨 5.3%。不出意外的是，猪肉依旧是上涨推力，猪肉上涨 125.6%。对比之下，有意思的是，1—2 月份，全国工业生产者出厂价格同比下降 0.2%。这一数据，其实可以印证此前的制造业数据。2 月 28 日，国家统计局公布 2020 年 2 月制造业 PMI，创下有统计纪录以来的最低值 35.7%，50% 代表经济荣枯分界线，低于 50%，就表示经济有衰退可能。

CPI 与 PPI 二者背离，这说明什么？CPI 走高，说明通胀尤其消费类通胀来临，老百姓生活费用上升；而 PPI 走低，说明需求不足。可以说，CPI 走高与 PPI 走低，都不是好消息。这为政策带来难题。

### 趋势之三：失业攀升

经济下行，上行的是失业率。

过去，中国调查的失业率一直安然不动，因此备受争议。这一次，失业率总算有了变化。2 月份，全国城镇调查失业率为 6.2%，31 个大城市城镇调查失业率为 5.7%。值得注意的是，1—2 月份，全国城镇新增就业 108 万人，这个数据对比过去，下降了四成左右。

提升就业直接手段就是推动复工。疫情初期，在不少地方复工都面临障碍，如今复工成为首要动员任务。按照发改委 3 月数据，除湖北等个别省份外，全国其他省（区、市）复工率均已超过 90%，某些省份接近 100%。但从用电量以及草根调研来看，这一数据显然过高。更重要的是，中小企业的复工率低于规模以上企业，按照工信部 2 月末数据，中小企业日复工率为 32.8%。而中小企业，其实提供了最多的就业岗位。

从第一季度数据来看，中小企业没复工，就说明经济元气大伤。

保经济的核心，是保就业。而就业，主要来自民营企业尤其是中小企业。最终，企业是经济运行的最基本组织，也是经济复苏的关键。就业和民众关系最为密切，事关社会稳定。官方高层口吻，也强调这一点，"只要就业好，GDP 增速高一点低一点都可接受"。

由此可见，要保就业，核心就是保企业，尤其中小企业。如果有利润空间，企业自主复工不在话下。问题在于，在没有需求以及投资的情况下，强行推动复工，效果恐怕会打折扣。

### 问题：经济目标如何达标

回顾 2020 年的疫情，可以说海外和中国，好像打了时间差。3 月的海外，类似 2 月的中国。

而 2 月的中国经济，是不是未来世界的模样？比起金融危机更糟糕的，大概就是经济危机甚至大萧条了吧。

2020 年对于中国的特殊之处在于，这一年是全面建成小康社会和"十三五"规划收官之年，国家有 2020 年实现 GDP 和城乡居民人均收入比 2010 年翻一番的承诺。也正因此，经济指标具备更大的意义。

那么怎么才算达标？对此市场有不同测算，基本在 5.3% 到 6% 之间。然而，2020 年前两个月的数据下行，必然连累全年经济，使得下面三个季度增速倍感压力。当统计局人士在疫情中被问到相关问题时，也强调需要看两会政府工作报告设定，当下很重要的是要继续巩固疫情防控的成果。

这可能意味着，经济的刚性目标，可能软化；但是就业作为社会平衡器，显然会占据更大的分量。

在疫情开始的时候，一些明星餐饮企业说撑不过 3 个月。企业如此，个人如果 3 个月没有收入，能撑过多久？这些年，中国家庭的债务已经急剧攀升，早不是勤俭节约的当年，提前消费、月月光是不少现在年轻人的生活方式。中年软阶层要养家还要按揭，年轻人也不轻松。按照汇丰银行 2019 年一项调查，中国 "90 后" 一代人的债务与月收入比，高达 18.5 倍，他们欠各种贷款机构和信用卡发行机构的债务，人均约合 12 万元人民币。

面对储蓄不断下降、超前消费的中国家庭，工作将会分外重要。换言之，对于政策而言，"稳就业" 的需求，在未来可能大过 "稳增长"。

在 2019 年，对于中国经济，2020 年能否实现 6% 的增长，已经有不少分歧。随着疫情以及海外市场的变化，将使得政策争议更加扩大。

就中国而言，更宽松的财政政策和货币政策，必然在路上。但是美联储的经验或许告诉我们，不要一次性把手段用足，否则最后手上没有太多的牌可以选。这个时候，更灵活的政策，应该纳入考虑，比如给全民或者医生群体发放消费券，既可以提振消费，又可以稳定民心。

诚然，疫情中也有商机，涌现出不少明星新企业。问题在于，不少企业原本已经面临一个竞争过度、利润稀薄的红海市场，如今的冲击之下，骤然转型也并不现实。如果企业尤其中小企业面临生存危机，宽松的利率以及积极的新基建，能否真正惠及这些企业？恐怕很难。

只有尽力帮助这些企业活着，才能挨过疫情，才会有新的就业岗位。如果需要保就业，进一步地简政放权以及降费减税，将是未来工作的重心。

此刻，信心，比黄金宝贵。

## 五、企业：如何稳定不稳定的经济

在上帝视角中，疫情终将过去，但在疫情过程中，人们都在挣扎——升斗小民感受到的，是不可承受之重。

在感染的危险与缩水的钱袋之间，选择是两难。在稳定经济与刺激政策之间，政策同样面临抉择。回顾一段时间的国内国际的政策选择，我们可以更好总结教训，思考下一步。

早在2020年3月27日，中国率先召开了中共中央政治局会议。这场会议，在"两会"之前提前召开，被业界认为是为2020年经济进一步定调。从2月以来，政治局会议召开多次，经济在其中分量不菲。

可以说，经济成为会议新重点。首先，高层对宏观情况的判断中，稳定经济提升到与抗疫对等的地位，成为未来重点。

### 财政政策与货币政策，如何走？

就财政政策而言，赤字增加不可避免。在 3 月的政治局会议中，提出积极的财政政策要更加积极有为，适当提高财政赤字率，发行特别国债，增加地方政府专项债券规模。特别国债这一说法首次提出，其作用对于疫情会更有针对性。

2020 年，财政本身已经面临收入降低的压力，疫情更使得支出的责任加大。这从 2020 年年初就可以看出，2 月份全国财政收入同比下降 21.4%，创新 2008 年以来纪录。在下降的趋势中，也存在分化，东部地区与沿海地区稍好，中西部地区更为严重，比如山西同比下滑 39.9%，湖北降幅约 99%。

同时，货币政策宽松自不待言。

会议可以说为全年货币政策定调，稳健的货币政策要更加灵活适度，引导贷款市场利率下行，保持流动性合理充裕。在经济下行的压力下，这些年银行利差缩小，坏账压力增加，对于中小企业银行尤其如此。这意味着，货币政策在放宽的同时，也会考虑银行的经营压力，存款利率不大可能大幅下调，而进一步降准会更有可能，央行也会利用各种市场操作引导广谱利率下行。

### 保就业如何保？

实际上，宏观政策之外，更重要的恐怕是微观政策，其中最关键的是保企业、保就业。

稳定经济，就是稳定企业。疫情带来的冲击，无论对于美国还是中国，都主要体现在疫情防控带来的经济暂时停摆，这使得不少企业猛然地陷入了困境。面对这种非经济的冲击，不论是大企业还是中小企业，都没有做好准备，破产概率飙涨，带动失业率猛升。

理解疫情冲击的关键在于，我们必须认识到，这是外在冲击，也是一次性冲击，与 2008 年或者 1929 年那种源于经济内在结构性问题导致的盛衰循环，性质不同。

这种情况下，对于经济应该采取救助政策，而不是刺激政策。稳定经济，就是稳定企业——应对政策的核心，应该是救助企业。

为什么强调救助企业？因为企业是经济活动的节点与支点，所有的经济活动，都是由企业来实施的；没有企业，就没有就业岗位与未来收入流，也就没有经济增长。企业不只是一个统计单位，它关系到一个个的个体，以及这些个体身后的家庭。

如果企业倒闭，那么一个个企业的背后，将会是无数的员工以及家庭的灭顶之灾。

从 2020 年 3 月就可以看出，随着各地陆续复工，所谓报复性消费并没有出现。原因很简单，中国家庭这些年在持续加杠杆之下，哪怕有六个钱包，往往也是空空如也。更不用说，很多软阶层家庭收入依靠薪资，房贷生计都依靠于此。目前遭遇疫情，奖金缩水和工资下调都在预期之内。

因此，在一段相当长的时间之内，企业都将面临需求萎缩甚至消失的困境。此时，政府责无旁贷，应尽力为企业减少各类负担，创造帮助企业渡过难关的条件。必须明白，救企业就是救经济，就是救民生。

那么，应该如何救企业？

首先必须明白，比起 GDP 数据，保就业是第一，将救企业放在最高的政策高度上。具体来说，保就业怎么保，恐怕民企是大头。其中，中小企业是重点，必要的减税降费，是应该的。企业的房租、社保、税费，当免则免，能免则免；银行贷款应谨防断流可能，对中小企业更是如此。一些地方已经开始积极探索。

我一位朋友，在上海金融中心的陆家嘴经营发廊，租金不菲。疫情防控期间基本停摆，停业到 3 月中旬。他抱着试一下的心态，委托管理人去国企背景的房东处哭诉——他预期争取到减免两周房租，结果意外收到房东免租两个月的公函。对此，朋友欣喜若狂，这对他来说真的是雪中送炭。

类似情况，不是个案。根据上海市国资委信息，按照"应知尽知、应免尽免"的要求，截至 3 月 8 日，上海国有企业共受理 1.4 万户中小企业的减免申请，涉及承租面积 980 万平方米，申请减免租金约 12 亿元。

类似举措，该如何落实，显然需要各方面协调，这也恰恰体现了不同地方的政府治理水平。

其次，也正因此，国内企业风险应该成为防范重点。当前海外比较担心美国企业债务，其实中国情况并不乐观。中国债务中，表面看起来是政府债务高，但更严重的是企业债务的飙升，占据 GDP 比例大概 150%，是美国的两倍。

2020 年疫情来临，企业生存压力加大，开工不足，现金流成为压死企业的最后一根稻草，即使明星企业也呼喊活不过 3 个月。而一旦企业出事，就业难保。按照央行数据，2020 年 2 月当月人民币贷款增加 9057 亿元，同比多增 199 亿元。值得注意的是，其中长期贷款减少，而短期贷款增加了 6549 亿元，这意味着企业现金流吃紧，要依靠短期融资来支撑生存。

同时，对受疫情冲击而增加的失业人口，政府也需要及时扩大各类失业保障开支，为他们提供最基本的生存保障。此外，针对家庭，医疗等行业发放一些消费券，也可以起到刺激消费的作用。按照杭州官方信息，3 月 26 日晚，杭州宣布发放 16.8 亿元消费券，据悉，两天半的时间内，已拉动消费 4.53 亿元。

最后，2020 年想要实现 GDP 和城乡居民人均收入比 2010

年翻一番的目标，按照经济学家蔡昉的测算，需要达到 5.7%
左右的增长率。鉴于一季度 GDP 的巨大减速，达成这一目标
并不轻松。

目前的趋势之下，政策显然需要灵活。近期，高层对此也
有表态，"只要就业好，GDP 增速高一点低一点都可以接受"。

更关键的是，进一步的改革开放，恐怕是最为治标的应对
之策。比如，3 月，国务院下放了用地审批权。其中，出现永
久基本农田外农用地转建设用地委托给省一级，8 个省市试点
永久农田转建设用地审批权下放等提法。这一措施，显然对于
过去僵化的土地管理有所突破，而且有利于激励地方吸引
投资。

经济中的种种不合理之处，其实也是体制改革的机遇之
处。类似土地审批权下放的体制突破，相信还有不少空间，每
一次放松，都可能带来巨大的制度红利。

疫情是一次危机，是一次悲剧，也是一次压力测试。经济
阵地的得失，同样重要，希望这一次，我们能够抓住机会。

### 全球经济一盘棋

疫情，也让我们反思全球化的必要性。

全球经济不是一个你多我少的零和博弈，各国的生产与需
求与海外息息相关，中国也不例外。中国作为世界工厂，来自
海外市场源源不断的订单，对中国经济非常重要。海外状况直

接影响中国的出口，处于一荣俱荣一损俱损的状态。

可以预期，随着疫情稳定，全球都会开始新一轮"拼经济"。

在疫情中，美国启动了 2.2 万亿的财政救助计划，核心是救企业、顾民生；英国也出台政策，比如个体可获得最高达 2500 英镑的补助，政府针对企业提供价值 3300 亿英镑的贷款等。3 月 27 日的 G20 峰会公报则表示，将启动总价值 5 万亿美元的经济计划，以应对疫情对全球社会、经济和金融带来的负面影响，并支持各国中央银行采取措施促进金融稳定和增强全球市场的流动性。

这些外围的消息，对于中国而言其实是好消息，也让中国思考，如何做好准备，迎接复苏。

### 六、突围：完善要素市场，重启整体改革下一步

疫情之中的经济记录，也是一份病历报告，只有根据各种症状，才能诊断并给出正确方案。疫情过后，对中国而言，外围和内部都面临着各种挑战。如何保经济？重启改革，或许是那个正确的经济重启键。这方面，政策很早就做出了正确的探索。

2020 年 4 月初，中共中央、国务院发布要素市场改革的文件。这份名为《关于构建更加完善的要素市场化配置体制

机制的意见》的文件，涉及了土地、户籍、金融、数据等方面，可以说涵盖要素市场改革的新旧两方面。

如何评价？这是一份非常重要的文件。文件中首先值得关注的是关于土地以及劳动力的内容。土地方面，文件提出建立健全城乡统一的建设用地市场、深化产业用地市场化配置改革、鼓励盘活存量建设用地、完善土地管理体制。

土地市场变革是要素市场的重点，它规模巨大，影响深远，牵一发而动全身。此前一些政策对改革方向已经有所透露，比如国务院下放了用地审批权。其中，出现永久基本农田外农用地转建设用地委托给省一级，8个省市试点永久农田转建设用地审批权下放等提法。很明显，改革目标是突破过去僵化的土地管理。

劳动力市场也是重点。文件提出深化户籍制度改革、畅通劳动力和人才社会性流动渠道、完善技术技能评价制度、加大人才引进力度。具体的条款也可圈可点，比如探索推动在长三角、珠三角等城市群率先实现户籍准入年限同城化累计互认，放开放宽除个别超大城市外的城市落户限制，试行以经常居住地登记户口制度。

这些建议如果有效落实，对于市场想象空间非常大，也是给疲软经济的一剂强心针。恢复人的流动，是经济复苏的第一步。可以预想一下，未来除了超大城市之外，对于限购以及户籍等政策，都会逐步放开。

就大家比较关心的资本市场而言，除了提出完善主板、科创板、中小企业板、创业板和新三板、债券市场等，比较有意思的是谈到主动有序扩大金融业对外开放。

看具体条款涉及不同方面，有推进人民币国际化和人民币资本项目可兑换，逐步推进证券、基金行业对内对外双向开放，有序推进期货市场对外开放，逐步放宽外资金融机构准入条件等。在中美贸易纠纷与经济下行之下，外界有观点认为人民币国际化等金融改革有放慢趋势。如今，上面条款，加快了对内加强对外开放的金融步伐，是内部需要，也是逐步履行贸易谈判的一些承诺。

一个新颖之处是文件提出，加快培育数据要素市场，比如推进政府数据开放、提升社会数据资源价值、加强数据资源整合和安全保护等。单独提出数据要素，可见数据在新经济中的重要地位。

不过，条款之外，更重要的是文件的出台背景和时机，更耐人寻味。

### 为什么重提要素市场改革？

要素市场改革为什么重要？

对一般民众来说，要素市场是相对陌生的，也不太关心，因为没有机会直接接触。回看要素的定义，按照经济学说法，生产要素是什么？就是人的要素、物的要素及其结合因素。

和要素市场相对应的概念，是商品市场，就像你去便利店买牛奶，你关心牛奶的质量、品牌和价格等信息，但是你不会关心牛奶产业奶粉奶源等的准入情况——但事实上，后者在很大程度上决定了前者。

再比如，大家都关心房地产，对土地却相对漠然，但是羊毛出在羊身上，土地制度以及土地价格其实是房地产市场中最为核心的因素。

政府管理者自然明白要素市场的重要性，到目前为止的主要管理思路，就是放开商品市场，控制要素市场。

为什么这个时候提出要素市场改革？不少人很直接的想法，就是救助疫情之下的经济。不过，类似纲领性文件，涉及不同部门协调意见，时间不短，这一文件应该酝酿已久。

文件在对外开放以及对内改革方面都有所涉及，一方面，不少条款呼应了此前中美贸易战的承诺，另一方面，也是中国经济进一步发展的自身的内部选择。

改革初期思路是摸着石头过河，不断试错。按照设计，是按照渐进式的方式，一步步让给市场，从商品市场到要素市场。但是，在发展过程中，这种转轨经济中的半计划半市场的模式，却固化了管理模式，也有了新的利益集团，让要素市场中的市场化进展程度低于预期。

242

　　回头来看，利益固化和路径锁定之下，要素市场的不少运行特点，事实上构成了中国经济的特色或者说惯性。比如，作为制造大国的中国的崛起，低成本是传统优势，这与要素市场的管控有关。具体而言，无论人力成本还是资金成本，其要素市场价格都被压低，从而享有低于全球市场的成本优势。而土地成本则居高不下，构成企业利润率降低的一个环节。哪些要素价格高、哪些要素价格低，既反映了体制的运行惯性，又事实上起到了按照政府意志重新配置资源的作用，令"市场配置资源的基础性作用"大打折扣。

　　这样一来，有看得见的好处，一些资本有利可图，银行旱涝保收，一些企业全球撒钱；但是也有看不见的成本，比如下游民企，一旦遇到经济周期波动，会很难受。再比如，没有享受到城市福利的大量农民工的出现。成本总是要支付的，比如农民工福利、环境代价等预支的代价，需要整个社会来负担。

　　可以说，基本要素市场背后盘根错节，存在各个组织与部门。在这样的路径依赖下，从部门层面去推动改革，涉及具体利益，很难改。所以要重启改革，超越具体部门而从要素市场进行整体推进，也许是比较可行的方式。

## 如何落地？

　　市场人士很关心这一文件效果如何。在谈这个问题之前，不妨思考一下中国经济的处境。

一个很好的指标是利率。在这次文件中也提到利率改革。利率之所以重要，在于利率是资金的重要度量衡。现在的情况是利率走低，甚至有分析师说十年期国债利率大概率会降至2.0%，余额宝之类货币基金收益率也一路走低。

这对很多人来说，比较可怕，但目前效果，多数只是反映在投资理财层面，更深层的后果在于实体经济的困境。我在公号"徐瑾经济人"中多次提过，利率背后是整体经济投资率的体现。利率走低是表象，背后动力是下滑的投资回报率。投资回报率为何走低？也在于过去依靠投资以及廉价资金和劳动力推动的发展模式已经难以维持，经济增速，即使不遭遇疫情，也会逐步走下台阶。

这种情况下，如果要真正实现经济的迭代，需要重启改革。存在不等于合理，而不合理，意味着改变的可能。当我们看到经济中的种种不合理之处，也是体制改革的机遇之处。从这些地方入手，才是真正的治本之法。经济中增量改革，是已经走了容易的路，因为人人受益，大家都没有意见；但在过去三四十年，增量改革走得差不多了，目前需要走存量改革的路，一些传统的利益格局面临打破，要素市场就是重要的一块。

要素市场改革的道路，符合 2013 年十八届三中全会的精神。在《中共中央关于全面深化改革若干重大问题的决定》中，一直被认为有两个核心——第一，"使市场在资源配置中起决定性作用"；第二，"更好发挥政府作用"。

不过，如果你熟悉中国经济圈内部的各种争论，就能发现十多年前还有很多人在呼吁要素改革；问题是，近年来呼吁整体改革的声音不多了，要素市场就更少听见了。从这个意义上讲，这一文件是中国社会改革意志的再一次呈现。

如果要素改革做得好，是长期利好中国的因素。但是问题在于如何落实，谁来落实。在市场的憧憬中，这些问题亟须解决。人类历史上，无数变革都来自危机。疫情是催化剂，希望能够产生推动改革落地的足够动力与压力。

## 七、尾声：软阶层社会，个体该怎么办

疫情之中，我们都在奋力存活。随着疫情恐慌散去，后疫情时代到来。这个世界，与过去已经有所不同，你习惯的规律不少已经发生了变化，与此同时，一些基本的理念，则亘古长存。

我们在谈经济之时，必须区分疫情的社会影响和经济影响。从历次传染病对于经济的影响来看，多数情况下，这类突发情况，即使严重，对于经济的影响也是短暂的，但社会影响或许会长期留存。

展望未来，可以确定的是，疫情之后，此前 GDP 保 6 等争议将不再重要。

2020 年的疫情冲击，如果处理得当，是给予中国经济一次休养生息的机会，告别成本高昂效率低下的高速增长阶段，进入平稳发展的中低速阶段。

危机始终与机遇并存。比起强行追求经济的 V 形反弹，我们更应该思考：经济发展的目标是什么？

答案自然是大众的福利。

这样的社会，可能少了一些一夜暴富的机会，但是大家也许不那么焦虑，我称之为软阶层涌现的软阶层社会。城市中等收入群体，今后会面临阶层向下的情况，其实属于软阶层。软阶层的出现，意味着以往期待阶层向上跃迁的群体，可能面临阶层向下滑落的情况。这样的社会正在到来，我们需要做好准备。

那么，一个软阶层不断涌现的社会，如何应对疫情之类的突发情况？新冠病毒，可以说是一次社会测试。在抗击疫情的过程中，各种真假消息、缺乏物资、分配不畅等问题，纷纷随之暴露。

危机中不少机构个人都伸出援手，但事实上，一线信息显示，比起金钱，缺的是物资，更缺对于物资的有序分配与管理制度。不少朋友纷纷在问：如何找到靠谱的机构？答案恐怕没有那么乐观。

在汶川地震之后，中国各类非政府组织曾经进入一个高速增长期，但是近年来步入消沉。危机之中，在看似控制一切的地方机构面临瘫痪之际，大家才发现，本来应该替补上位的民间力量，也同样孱弱。

在生命面前，大家的思考应该超越经济。除了经济，疫情关系到一个个个体的生命，每一个生命，都无比宝贵。病毒无眼，但是确实在疫情之中，并不是每个人都一样。位置不同，占有的资源不同，命运也不同。疫情来临，国难财的指责流与捐款热同时出现，也映射出世道人心。

武汉甚至湖北，牵动人心。有的地方慷慨出手，然而也有不少地方断路围堵。在疫情最严重的时候，一时之间，网路舆论摇摆在"武汉加油"和"围堵武汉人"之间。有人觉得不可理解。其实并不奇怪，这就是人性，矛盾而且复杂。许多人的爱心，只能在自身安全得到保证之后，才能发挥。

更不用说封闭一个超过千万人口的城市，在人类历史上也为数不多，这对于公共治理是一次巨大的考验。从城市经济学而言，城市类似生命体，城市是依赖城市内外的物资、人员循环而生存的。切断城市对外联络，也失去对外的交换，城市失去了流动性，同样会陷入淤堵，甚至僵死。从控制疫情的角度，武汉应该封闭，但是应该尽早，而且城市内部供应应该跟上。至于其他并非传染源的城市，没有必要封闭。

　　反思武汉等地出现的早期医疗资源紧张问题，有点儿类似银行挤兑或者市场熔断。这种时刻，需要有人兜底。换言之，当作为秩序提供者的地方政府遭遇非常情况，陷入瘫痪的时候，整个市场的秩序供应出现紊乱甚至冻结——这个时候，需要新的秩序提供者兜底，无论是中央政府还是民间机构，否则整个市面，难免会陷入混乱无序。

　　任何失去社群的个体，都是原子化的个人，而这样的个人，在变化中都是极其虚弱的。只有组织起来的个体，才能发挥真正的作用。软阶层的力量，正是在于自我保护基础上，彼此互助，增强生存力与组织力。病毒疫情所暴露的问题，对于亢奋躁进的社会情绪，也是一副清凉剂。我们需要理解，比起虚无的强大，更重要的是具体的生命。捍卫这种生命权利，需要软阶层做出努力。

　　从这个角度讲，软阶层能做的，首先是各安本分，各尽职责。变化之前，保护好自身和家人是最重要的。其次如果有余力，能够给予他人帮助，也是送人玫瑰。还是那一句经济学鼻祖亚当·斯密的老话，在市场中，人人追逐个人的利益，往往会促进公共利益。

　　疫情终将过去，人性永远。世界与昨日不同，在新世界，你需要努力奔跑。

# 进阶阅读

## 第一章

### 101 《中国经济史》

作者：钱穆讲授／叶龙记录整理／林毅夫序

出版社：北京联合出版公司·后浪出版公司


### 102 《盐铁论》

作者：桓宽

出版社：华夏出版社


### 103 《世界经济千年史》

作者：［英］麦迪森（Angus Maddison）

译者：伍晓鹰／许宪春

出版社：北京大学出版社

## 104 《百年中国经济史笔记》

作者：杨小凯

出版社：约翰·威利父子出版公司

## 105 《市场的逻辑》

作者：张维迎

出版社：上海人民出版社

## 106 《变革中国》

作者：[英] 罗纳德·哈里·科斯（Ronald H. Coase）/王宁

译者：徐尧/李哲民

出版社：中信出版社

# 第二章

## 201 《中国巨债：经济奇迹的根源与未来》

作者：刘海影

出版社：中信出版社

## 202 《中国经济增长的真实逻辑》

作者：韦森

出版社：中信出版社

FUTURE ECONOMIC 30 KEY WORDS

**203 《逃不开的经济周期》**

作者：［挪威］拉斯·特维德（Lars Tvede）

译者：董裕平

出版社：中信出版社

**204 《人口创新力：大国崛起的机会与陷阱》**

作者：梁建章／黄文政

出版社：机械工业出版社

**205 《大国大城：当代中国的统一、发展与平衡》**

作者：陆铭

出版社：上海人民出版社

**206 《经济相互依赖与战争》**

作者：［美］戴尔·科普兰（Dale C. Copeland）

译者：金宝

出版社：社会科学文献出版社

**207 《注定一战：中美能避免修昔底德陷阱吗？》**

作者：［美］格雷厄姆·艾利森（Graham Allison）

译者：陈定定 / 傅强

出版社：上海人民出版社

**208　《西方将主宰多久：从历史的发展模式看世界的未来》**

作者：[美] 伊恩·莫里斯（Ian Morris）

译者：钱峰

出版社：中信出版社

## 第三章

**301　《同业鸦片》**

作者：顽石

出版社：中信出版社

**302　《中国证券市场批判》**

作者：袁剑

出版社：中国社会科学出版社

**303　《改革的改革》**

作者：徐忠

出版社：中信出版集团

304 《债务危机：我的应对原则》

作者：[美] 瑞·达利欧（Ray Dalio）

译者：赵灿／熊建伟／刘波等

出版社：中信出版社

305 《印钞者》

作者：徐瑾

出版社：中信出版社

306 《短缺经济学》

作者：[匈牙利] 亚诺什·科尔奈（Janos Kornal）

译者：张晓光／李振宁／黄卫平

出版社：经济科学出版社

# 第四章

401 《最后的屏障：资本项目自由化和人民币国际化
之辩》

作者：余永定

出版社：东方出版社

**402 《动物精神》**

作者：［美］乔治·阿克洛夫（George A. Akerlof）/罗伯特·希勒（Robert J. Shiller）

出版社：中信出版社

**403 《房债：为什么会出现大衰退，如何避免重蹈覆辙》**

作者：［美］阿蒂夫·迈恩（Atif Mian）/阿米尔·苏非（Amir Sufi）

译者：何志强/邢增艺

出版社：中信出版社

**404 《爱、金钱和孩子：育儿经济学》**

作者：［美］马赛厄斯·德普克（Matthias Doepke）/法布里奇奥·齐利博蒂（Fabrizio Zilibotti）

译者：吴娴/鲁敏儿/王永钦（校对）

出版社：格致出版社

**405 《钓愚：操纵与欺骗的经济学》**

作者：［美］乔治·阿克洛夫/罗伯特·席勒

译者：张军

出版社：中信出版社

### 406 《白银帝国》

作者：徐瑾

出版社：中信出版社

### 407 《货币的非国家化：对多元货币的理论与实践的分析》

作者：［英］弗里德里希·冯·哈耶克（Friedrich Von Hayek）

译者：姚中秋

出版社：新星出版社

### 408 《货币的祸害》

作者：［美］米尔顿·弗里德曼（Milton Friedman）

译者：张建敏

出版社：商务印书馆／中信出版社

### 409 《百岁人生：长寿时代的生活和工作》

作者：［英］琳达·格拉顿（Lynda Gratton）／安德鲁·斯科特（Andrew Scott）

译者：吴奕俊

出版社：中信出版社

410 《东亚奇迹的反思》

作者：[美] 约瑟夫·E. 斯蒂格利茨（Joseph EStiglitz）

出版社：中国人民大学出版社

# 第五章

501 《大衰退：宏观经济学的圣杯》

作者：[美] 辜朝明

译者：喻海翔

出版社：东方出版社

502 《暴力与社会秩序：诠释有文字记载的人类历史的一个概念性框架》

作者：[美] 道格拉斯·C. 诺思（Douglass C North）／约翰·约瑟夫·瓦利斯（John Joseph Wallis）等

译者：杭行／王亮

出版社：上海格致出版社

503 《政治秩序的起源：从前人类时代到法国大革命》

作者：[美] 弗朗西斯·福山（Francis Fukuyama）

译者：毛俊杰

出版社：广西师范大学出版社

**504 《阿里巴巴：马云和他的102年梦想》**

作者：［英］邓肯·克拉克（Duncan Clark）

出版社：中信出版社

**505 《暗知识：机器认知如何颠覆商业和社会》**

作者：王维嘉

出版社：中信出版社

**506 《软阶层》**

作者：徐瑾

出版社：中信出版社